基于多视角学习的甲骨卜辞语义网络融合方法与应用研究

马园园 著

·北京·

图书在版编目（CIP）数据

基于多视角学习的甲骨卜辞语义网络融合方法与应用研究 / 马园园著. —北京：科学技术文献出版社，2023.9
ISBN 978-7-5189-9980-4

Ⅰ.①基… Ⅱ.①马… Ⅲ.①甲骨文—占卜—研究 Ⅳ.① K877.14

中国版本图书馆 CIP 数据核字（2022）第 243671 号

基于多视角学习的甲骨卜辞语义网络融合方法与应用研究

策划编辑：张　丹　　责任编辑：王　培　　责任校对：张吲哚　　责任出版：张志平

出 版 者	科学技术文献出版社
地　　　址	北京市复兴路15号　邮编 100038
编 务 部	（010）58882938，58882087（传真）
发 行 部	（010）58882868，58882870（传真）
邮 购 部	（010）58882873
官 方 网 址	www.stdp.com.cn
发 行 者	科学技术文献出版社发行　全国各地新华书店经销
印 刷 者	北京厚诚则铭印刷科技有限公司
版　　　次	2023年9月第1版　2023年9月第1次印刷
开　　　本	710×1000　1/16
字　　　数	191千
印　　　张	11.75　彩插2面
书　　　号	ISBN 978-7-5189-9980-4
定　　　价	48.00元

版权所有　违法必究

购买本社图书，凡字迹不清、缺页、倒页、脱页者，本社发行部负责调换

前　言

随着人工智能、机器学习等理论和技术的快速发展，其与传统学科的结合日益紧密。一个重要的表现是：数据的来源、形式和种类变得更加多样化，给传统研究范式带来了极大挑战。如何有效利用这些多源异构数据，发现和揭示蕴含在数据背后的客观事实和规律，是值得关注的一个重要课题。

作为一个冷门学科，甲骨学以往研究多凭甲骨学者的知识储备和经验。随着甲骨数据的广泛累及，研究人员也遇到了诸多问题，如甲骨字形识别、甲骨缀合、残辞拟补等，迫切需要跨学科、多学科理论和方法来解决这些困难。在此背景下，笔者结合当下甲骨文研究的热潮与多年来在信息融合领域的工作经验，来阐述多视角学习在甲骨卜辞语义研究中的应用。有些内容对甲骨文研究这个领域而言并不全面，实属管中窥豹。

全书共分5章，大体为3个部分：第一部分包括第1、第2章，介绍了以甲骨为语义研究的背景、现状与热点；第二部分包括第3、第4章，介绍了卜辞、甲骨字的多视角表示与融合方法；第三部分为第5章，总结了本书的研究内容，并对未来的研究方向进行了展望。本书重点是第3、第4章，该部分内容涉及了较多的线性代数与深度学习知识，比较适合高年级本科生、研究生及相关专业人士参考阅读。

本书内容主要源自笔者多年来在多视角学习方面的工作积累，其中，部分内容是在从事甲骨文信息处理过程中萌生出来的想法，尚未经过验证。这里一并呈现给大家，希望有更多的古文字学、自然语言处理等领域的专家、学者加入到甲骨文研究的队伍中来，为中华文化的传承与发展贡献一分力量。

本书附录部分是对《新甲骨文编》所收录甲骨字的字形拆分，由甲骨文信息处理教育部重点实验室成员（刘永革、高峰、焦清局、韩胜伟、马园园、葛彦强、仇利萍、张瑞红、郭安、李邦、王楠、刘晓魁、刘梦婷、史小松、吴琴霞、李娜、刘玉双、孟筠耀、肖方平、杨玉起、王爱华）共同完成。

本书的撰写和出版由教育部人文社会科学研究基于多视角学习的甲骨卜辞语义网络融合模型与应用研究（20YJC740042）项目资助，在此表示衷心感谢。

甲骨文作为一种冷门学科，研究者较少，需要深厚的古文字学、语言学、历史学等专业知识，笔者作为计算机相关专业的一名研究人员，对甲骨文所知有限，才疏学浅，书中疏漏之处在所难免，敬请读者朋友提出宝贵意见，笔者将不胜感激。

马园园

2023 年 8 月

目 录

第1章 绪 论 ··· 1
1.1 研究背景与研究意义 ··· 1
1.1.1 研究背景 ··· 1
1.1.2 研究意义 ··· 2
1.2 研究对象与研究材料 ··· 2
1.3 研究内容与组织结构 ··· 3
1.3.1 研究内容 ··· 3
1.3.2 组织结构 ··· 4

第2章 甲骨卜辞语义研究概况 ····································· 6
2.1 甲骨卜辞语义研究现状 ·· 7
2.2 甲骨卜辞语义研究的特点 ······································ 10
2.3 甲骨卜辞语义研究的意义 ······································ 10
2.4 甲骨卜辞语义研究存在的问题 ································· 11
2.5 甲骨卜辞语义研究的热点和趋势 ······························ 11
2.6 本章小结 ··· 16

第3章 多视角学习及其在甲骨文研究中的应用 ··············· 17
3.1 多视角学习算法 ··· 18
3.1.1 协同训练 ··· 18
3.1.2 多核学习 ··· 19
3.1.3 子空间学习 ··· 20
3.2 甲骨卜辞的多视角表示 ··· 29
3.2.1 卜辞搜集 ··· 29
3.2.2 卜辞切分 ··· 31

3.2.3　卜辞特征提取及向量化表示 ···················· 32
　　3.2.4　卜辞数据的多视角表示 ······················ 34
3.3　多视角学习在甲骨卜辞研究中的应用探析 ················ 40
　　3.3.1　卜辞主题聚类与可视化研究 ···················· 40
　　3.3.2　残辞拟补及辅助甲骨文考释 ···················· 48
3.4　本章小结 ·································· 49

第4章　甲骨文语义网络融合与应用 ·················· 51

4.1　甲骨文语义网络构建准则与出发点 ···················· 51
　　4.1.1　基于字形轮廓的甲骨文语义网络 ·················· 51
　　4.1.2　基于构件的甲骨文语义网络 ···················· 52
　　4.1.3　其他视角下的甲骨文语义网络 ··················· 60
4.2　甲骨文语义网络融合模型 ························· 63
　　4.2.1　甲骨文语义网络融合原则 ····················· 63
　　4.2.2　网络融合相关方法 ························ 65
　　4.2.3　甲骨文语义网络融合方法 ····················· 79
4.3　甲骨文语义网络挖掘与应用 ························ 85
　　4.3.1　相关工作 ···························· 85
　　4.3.2　卜辞语义网络构建 ························ 87
　　4.3.3　基于Hybrid矩阵分解的卜辞文本主题聚类模型 ············ 88
　　4.3.4　实验结果与分析 ························· 90
　　4.3.5　结语 ······························· 94
4.4　本章小结 ·································· 95

第5章　总结与展望 ···························· 96

5.1　工作总结 ·································· 96
5.2　研究展望 ·································· 97

附　录 ································· 100

参考文献 ································ 166

第1章 绪 论

1.1 研究背景与研究意义

1.1.1 研究背景

甲骨文是我国现存最早的古文字体系，是中华文化的根脉，传承和发展甲骨文蕴含的传统文化精神，既是时代要求，也是我们肩负的使命。自甲骨文发现120余年以来，经历了从最初的震惊到孜孜研读、考释的历程，期间涌现出了许许多多优秀的成果，至今仍对甲骨学研究起着重要的指导作用。

甲骨文起源于殷商，由历代贞人刻写而成，因其书写风格、习惯的不同，造成了甲骨字体风格迥异，同体字（不同字具有相同的字形）、异体字（同一个字具有不同的字形）十分常见，给甲骨文的整体认读带来了极大的困难和挑战。另外，甲骨材料年代久远，因挖掘、辗转收藏等原因，难免破损、残断，造成甲骨卜辞不完整，能够有效利用的材料较少；再加上许多伪甲骨的流通，使得甲骨文真假难辨，在一定程度上影响了甲骨学的发展。

当下，学科发展受多重因素制约，尤其是偏门、冷门学科整体进展缓慢，依靠本学科领域内现有的理论、方法体系往往难以推进，急需借鉴多学科、跨学科方法来寻求解决之道。2019年11月，习近平总书记在纪念甲骨文发现120周年贺信中强调，要多学科协同开展甲骨文研究和应用，创新研究手段和方法，深入挖掘和阐释以甲骨文为标志的汉字所蕴含的深刻思想和文化内涵[1]。而结合计算语言学、机器学习、数据整合等相关理论和方法，多视角多维度揭示甲骨文蕴含的特征和联系，正是促进多学科交叉融通的有益尝试。

"基于多视角学习的甲骨卜辞语义网络融合方法与应用研究"正是基于此提出的研究课题，旨在利用多学科理论和方法，探讨多视角甲骨卜辞语义网络的构建理论、方法与融合策略，为进一步挖掘甲骨卜辞潜在语义提供方法论工具和基础。

1.1.2　研究意义

采用多视角学习理论与方法，多维度多层次挖掘甲骨卜辞数据中潜在的知识关联，对存进甲骨文研究和学科之间的交叉融通具有重要的理论意义和现实意义。

①理论意义：利用不同形式、不同来源的甲骨数据进行整合分析，能够解决可用信息少的问题；而提出的多源数据整合理论和方法，无疑将会丰富和完善甲骨学研究理论体系；此外，用可视化方法[24]来捕获和呈现甲骨字之间、卜辞①之间潜在的语义关联，能够为甲骨文考释和残辞拟补提供关键证据和支点，初步实现计算机辅助甲骨文释读的目的。

②现实意义：构建、整合甲骨字之间、卜辞之间多视角多层次的语义网络，并利用可视化方法将其映射到低维的语义空间，将有助于发现和理解甲骨字之间的局部语义关系（邻近的甲骨字具有更相似的语义），而在数据充足的情况下，也能够展示甲骨字的分支流变，进而为当前正在进行的甲骨学研究提供服务。

1.2　研究对象与研究材料

（1）研究对象

以"基于多视角学习的甲骨卜辞语义网络融合方法与应用研究"为整体研究对象，在整合多源甲骨数据的基础上，通过构建甲骨字、卜辞的多视角多维度的语义网络并进行有效融合，利用可视化方法将其映射到统一的语义空间中，借以发现卜辞之间隐藏的语义关联，为甲骨文考释和残辞拟补提供线索和思路。

（2）研究材料

以安阳师范学院"殷契文渊"[5]平台所收录甲骨学著录为基础数据来源，对其中的卜辞进行整理，约 700 000 条，来自于《甲骨文合集》《小屯南地甲骨》《英国所藏甲骨集》《东京大学东洋文化研究所藏甲骨文字》《怀特氏收藏甲骨文集》《天理大学附属天理参考馆甲骨文字》《甲骨文合集补编》《殷

---

① 本书中的卜辞即甲骨卜辞。

墟花园庄东地甲骨》《瑞典斯德哥尔摩远东古物博物馆藏甲骨文字》《甲骨续存补编》等甲骨学著录。部分字形数据和图片数据来自"殷契文渊"平台的字形库和著录库。

1.3 研究内容与组织结构

1.3.1 研究内容

针对甲骨文研究的客观现实，本书拟从多源甲骨数据融合视角，探讨卜辞、甲骨字多维度多层次语义网络构建的理论与方法，引入和介绍若干种多视角学习算法；同时，提出了两种基于矩阵分解的多视角卜辞语义网络融合模型，并在构建的卜辞数据集上进行试验，以阐释其在甲骨文研究中的有效性。

基于以上考虑，本书具体研究内容如下。

①甲骨文语义研究现状与热点、趋势分析。通过文献调研和信息计量学分析，系统回顾和梳理甲骨文语义研究的现状；在此基础上，对甲骨卜辞语义研究存在的问题进行总结，并对卜辞语义研究的热点、趋势进行系统分析。

②甲骨卜辞的多视角表示与语义网络构建。根据多视角学习理论，研究甲骨卜辞、甲骨字的多视角语义表示问题，如从卜辞文本视角，将卜辞视为短文本，从而利用自然语言处理领域中的相关工具和方法，构建"词—文档"矩阵；采用信息计量中的文献耦合的思想，提出以"任两条卜辞中共现甲骨字的频数为共现强度"的卜辞共现网络构建方法；根据卜辞中常见的"同文卜辞"现象，提出以同文卜辞为视角构建卜辞语义关联网络的设想；从事类分类视角构建卜辞主题语义关联网络等。对于甲骨字语义网络，从字形轮廓、构件、文例、语法等视角，提出了若干甲骨字语义网络的构建方法。

③卜辞语义网络融合模型与方法。以短文本分析为例，引入几种重要的文本相似性测度方法与多视角融合模型，如编辑距离、词移距离、BERT、FastText、图卷积网络等，并分析其在卜辞文本分析中的应用场景。其中，因图卷积网络在文本表示中的优良特性，且与本书介绍的卜辞语义网络构建与融合等内容密切相关，故对其进行了详细阐释，并指出其在卜辞语义网络

分析中的潜在应用。

④多视角卜辞语义网络融合实证研究。在前述研究工作的基础上，对"殷契文渊"平台所收录的甲骨学著录进行筛选，遴选了200余条卜辞（包括30对同文卜辞），在提出的模型上进行实证分析，以阐释其在甲骨数据分析中的有效性。

最后，对甲骨文语义网络研究进行总结和展望，提出若干研究方向，以供广大甲骨文研究人员参考和借鉴。

1.3.2 组织结构

本书围绕当前甲骨文研究中存在的诸多困难和现实问题，以"基于多视角学习的甲骨卜辞语义网络融合方法与应用"为整体研究对象，从卜辞、甲骨字的多视角表示，语义网络构建与融合等方面展开了系统研究，提出了两种多视角卜辞语义网络融合模型，并在整理的OBI-200数据集上进行了大量试验，以期能够对当下的甲骨文研究提供思路。全书共分5章，组织结构如下。

第1章，阐述本书的研究背景与甲骨文研究面临的现实问题，提出了当下利用多学科、跨学科方法，如多视角学习方法，开展卜辞研究的必要性。在此基础上，明确了本书的研究对象，并对其涉及的研究材料与数据进行了说明，进一步凝练了本书的研究内容与结构。

第2章，通过文献调研和信息计量学分析，系统回顾和梳理了甲骨文语义研究的现状；在此基础上，对甲骨卜辞语义研究存在的问题进行总结，并对甲骨卜辞语义研究的热点、趋势进行了系统分析。

第3章，系统地介绍了多视角学习的若干经典算法，如协同训练、多核学习、子空间学习等；根据其理论，研究了甲骨卜辞的多视角表示问题，包括多视角卜辞数据的搜集、预处理（切分、去除停用词）、构建"词—文档"矩阵、标准化处理等；同时，根据卜辞中常见的"同文卜辞"现象，提出了以同文卜辞为视角构建卜辞语义关联网络的设想，并在后续的试验中验证了所提出方法的有效性。此外，采用信息计量学科中文献耦合的思想，提出了以"任两条卜辞中共现甲骨字的频数为共现强度"的卜辞共现网络构建方法，充分挖掘了卜辞中的关键信息，进一步提高了卜辞数据的利用效率。

在上述分析的基础上，提出了一种整合卜辞文本内容与同文信息的多视角卜辞语义网络融合方法——SNMFobi，实现了对卜辞按主题进行聚类的目的。通过在卜辞数据集上的试验结果和可视化分析显示提出的 SNMFobi 算法，可以有效识别卜辞文本之间的语义关系。

第 4 章，介绍卜辞、甲骨字语义网络构建的准则与出发点，包括如何从字形、语法、固定搭配等视角构件甲骨字语义网络；在此基础上，提出了甲骨文语义网络融合的原则，介绍了利用标准互信息判断不同视角的一致性和兼容性问题。随后，针对不同的多视角学习问题，重点介绍了基于深度学习的方法（暹罗神经网络，BERT 神经网络、FastText 与 GCN），基于矩阵分解的方法和基于统计的方法（编辑距离和词移距离），并对几种多视角图卷积网络模型（MGCN）进行了阐释，提出了将其应用于甲骨卜辞分析中的若干场景。

基于上述分析，给出了甲骨文语义网络融合与挖掘的应用案例。结合多视角语义网络融合的原理与方法，提出了一种基于 Hybrid 矩阵分解的卜辞文本主题聚类模型，并在 OBI-200 数据机上进行了试验，证明了所提出方法的有效性与合理性。最后，对未来可能的研究思路与方向进行了展望。

第 5 章，总结与展望。对卜辞语义网络研究与多视角学习问题进行了总结，并对下一步研究工作进行了展望。

本书的逻辑结构如图 1.1 所示。

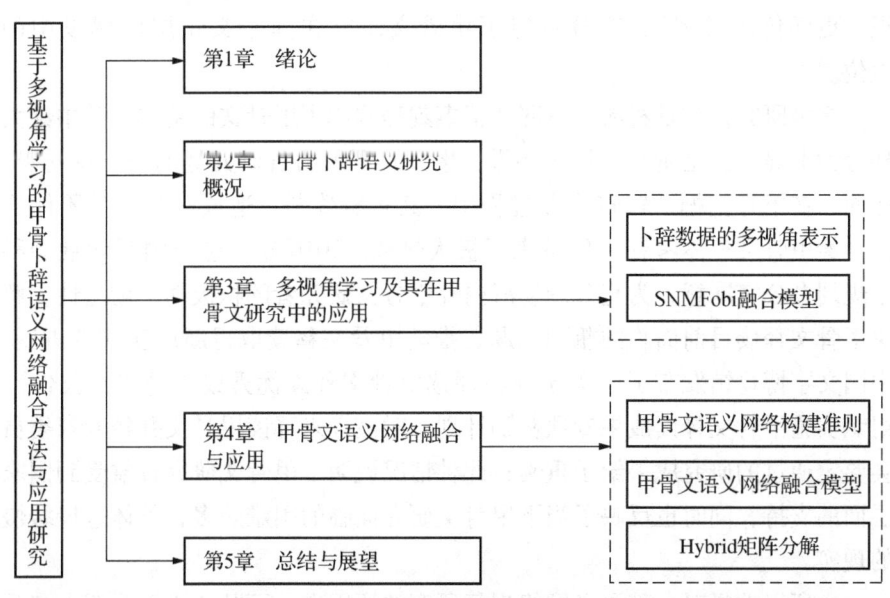

图 1.1　本书各章组织结构

第 2 章 甲骨卜辞语义研究概况

甲骨文是我国发现最早、记录较为完整的文字系统，蕴含了中华文化的基因。挖掘以甲骨文为代表的古文字体系所承载的文化价值和现实意义，符合当前国家的重大战略需求。2016 年 5 月，习近平总书记在哲学社会科学工作座谈会上指出，"要重视发展具有重要文化价值和传承意义的'绝学'、冷门学科。这些学科看上去同现实距离较远，但养兵千日用兵一时，需要时也要拿得出来、用得上。还有一些学科事关文化传承的问题，如甲骨文等古文字研究等，要重视这些学科，确保有人做、有传承。总之，要通过努力，使基础学科健全扎实、重点学科优势突出、新兴学科和交叉学科创新发展、冷门学科代有传承、基础研究和应用研究相辅相成、学术研究和成果应用相互促进"。2019 年 11 月，习近平总书记在纪念甲骨文发现 120 周年贺信中指出，"甲骨文是汉字的源头和中华优秀传统文化的根脉，值得倍加珍视、更好传承发展"，充分肯定了甲骨文研究在国家文化层面建设中的地位。

文字研究，首重材料。卜辞和记事刻辞构成了甲骨文的主体，其中绝大部分为卜辞，其是研究甲骨文字形、字义及开展语言研究等的第一手材料。然而，在甲骨挖掘、辗转收藏过程中，其多有残断，造成一些卜辞不能连读，给甲骨文整体考释工作带来了极大挑战。2016 年，经全国哲学社会科学规划办公室同意，为充分调动海内外甲骨文研究者的积极性、创造性，解决甲骨文释读目前面临的瓶颈问题，推动甲骨文释读取得新的实质性进展，中国文字博物馆发布了《关于征集评选甲骨文释读优秀成果的奖励公告》，组织实施甲骨文释读成果专项奖励计划，对破译未释读甲骨文并经专家委员会鉴定通过的研究成果给予重奖；此种情况说明了甲骨文研究日益受到国家层面的支持，同时也反映了当下甲骨文研究面临的困难颇多，整体进展缓慢的现实。

之所以选择对卜辞语义网络进行研究的原因有以下几个方面。①卜辞是甲骨文的主要表现形式，数量众多，且蕴含丰富的上下文信息；②语义网络反映了卜辞之间的潜在关联,整合不同视角构建的语义网络,能够在很大程度上还原卜辞之间的真实语义;③容易借鉴其他学科领域的相关理论与方法,如复杂网络、自然语言处理、信息融合等。

本章在系统回顾和梳理甲骨文语义研究的基础上,对甲骨卜辞语义研究存在的问题进行了总结,并对卜辞语义研究的热点进行了分析。其中,第2.1节综述了甲骨卜辞语义研究的现状,第2.2节分析了卜辞语义研究的特点,第2.3节阐释了甲骨卜辞语义研究的意义,第2.4节总结了甲骨卜辞语义研究中的问题,第2.5节分析了卜辞语义研究的热点和趋势。

2.1 甲骨卜辞语义研究现状

甲骨卜辞语义研究建立在对甲骨文整体考释的基础之上。据不完全统计,已释甲骨字占全体甲骨字的1/3左右,尚有大部分甲骨字未能释读。然而,值得庆幸的是甲骨文中的常用字已基本破译,能够找到其在现代汉语中对应的字形;而未释甲骨字大多是殷商时期的一些人名、地名等冷僻词汇。此种情况下,即使未能找到未释甲骨字在现代汉语体系中对应的字形,也不影响对卜辞整体内容的通读。通过对中国知网(CNKI)进行搜索,统计近20年涌现出来的与甲骨文语义研究相关的文献,如图2.1所示。

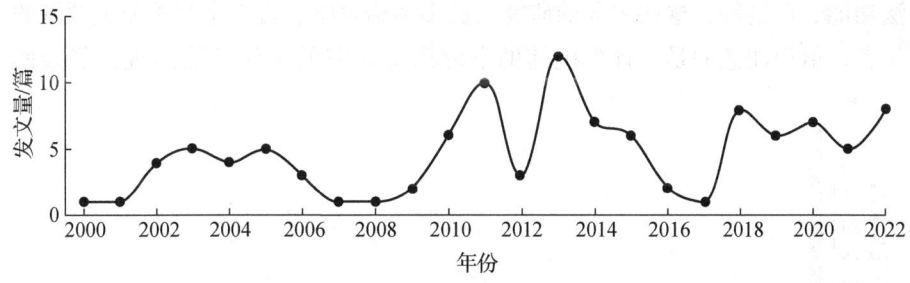

图2.1 甲骨文语义研究整体发文趋势(2000—2022年)

注:以"甲骨文语义"或"卜辞语义"为关键词进行主题检索,共检索到相关文献101篇。

从图2.1可以看出:关于甲骨文语义相关研究的工作不是很多,一方面囿于甲骨文"冷门绝学"的学科属性,研究者稀少;另一方面开展甲骨文研究需要古文字学、考古学、历史学等相关领域知识,在一定程度上提高了其他学科背景的研究人员进入甲骨学领域的门槛。甲骨文语义研究的整体热度相对平缓，高峰出现在2013年（有12篇文章发表）。

甲骨文语义研究的相关文章（中国知网，CNKI）主要集中在以下几个方面：①甲骨字词性、语义、语用的研究，包括介词"自"[6-8]"市"[9]"币"[10]"土"[11]"于"[12]"雨"[13]"象"[14]"田"[15]等；②卜辞语义研究，如卜辞语义分类[16]、卜辞释义[17]及领域概念抽取[18]等；③语法结构的研究[19-23]。

国外相关领域对甲骨卜辞语义的研究较少，检索中国知网和其他数据源，发现这些研究主要集中在两个方面：一是对甲骨字的识别，如日本命立馆大学利用神经网络方法对甲骨字进行识别和分类；二是对殷商史的研究，如加州大学的吉德炜撰写了享有盛名的甲骨学专著《商代史料：中国出版的两部主要甲骨集》[24]，其见解对研究殷商史学科具有特殊贡献。此外，吉德炜还通过甲骨文研究商代的手工业、占卜的贞人，甚至当时的社会管理体制；日本学者研究商代社会制度、祖先崇拜等。总的来看，国外相关研究多停留在卜辞资料的整理及在此基础上的拓展研究阶段，如当时社会的组织形态、管理制度、字形认知等，缺少对甲骨卜辞语义系统的深入研究。

进一步对卜辞语义研究的相关主题进行分析，发现其呈现如下分布，如图2.2、图2.3所示。

从图2.2、图2.3可以看出，卜辞语义研究的主题集中于句法结构、语法功能、词性等，这些主题的研究人员多为语言学、古文字学等相关领域的学者；值得注意的是，计算机辅助卜辞语义研究的工作开始出现，复杂网

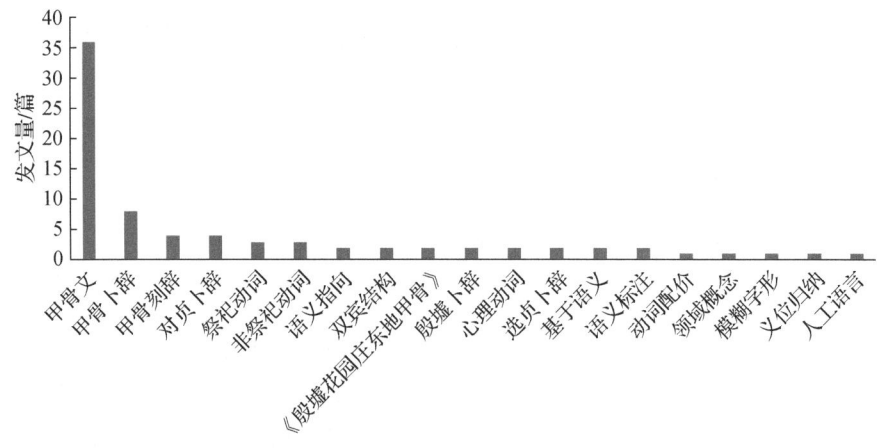

图2.2　卜辞语义研究主要主题分布（CNKI统计，部分）

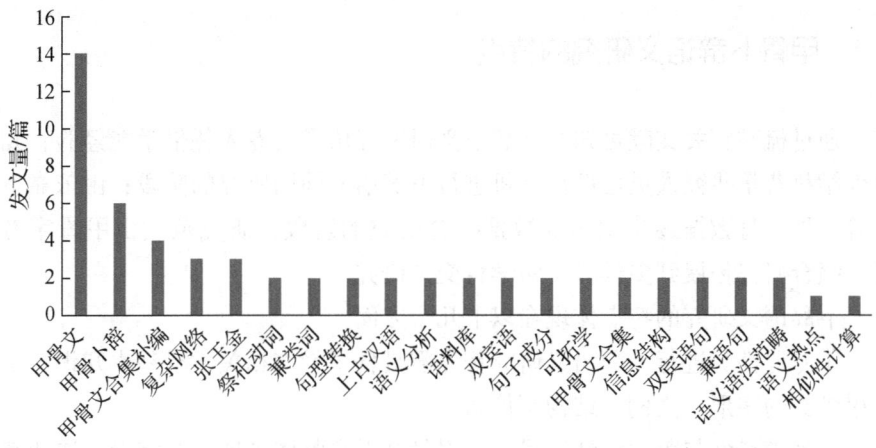

图 2.3 卜辞语义研究次要主题分布（CNKI 统计，部分）

络[25-26]、语义标注[27]、语料库构建[28-31]等工作可视为对"人工智能 + 甲骨文"的有益探索。

构建语义网络，在系统层面探索卜辞之间的语义关联是了解甲骨文的一种有效手段。刘运通等[26]通过甲骨字所处甲骨卜辞上的位置信息，构建了一个庞大的甲骨刻辞网络，其中节点为卜辞，如果两条卜辞上均出现相同的甲骨字，则在这两条卜辞之间建一条连边；然后通过计算方法来度量未释甲骨字和已释甲骨字之间的关联；焦清局等[32]也利用了甲骨字之间的位置、距离信息，通过马尔可夫链模型计算甲骨字之间的相似性，从而构建甲骨字语义网络，发现甲骨字具有较强的模块聚集特性，能够反映甲骨文拓片的语义单元。总的来说，这些研究要么通过甲骨字的共现来构建卜辞之间的语义关联，要么通过字间距离来预测语义，其成果有可借鉴之处。

基于卜辞语义关系的探索也促进了其相关的应用研究。高峰等通过融合甲骨文、现代汉语语义知识库，对甲骨卜辞进行可拓语言建模，在一定程度上解决了甲骨卜辞释义问题，并将其应用到残辞语义推导任务中[17]；熊晶等基于本体技术，构建了甲骨文知识图谱，通过推理发现了甲骨文中隐含的语义关系，使机器翻译成为现实[33-34]；林宏明利用同文卜辞和甲骨文文例知识，逐步限缩残辞范围，从而实现了有效的甲骨缀合[35]；莫伯峰等也在其相关论著中介绍了由卜辞的语义信息（残字、同文等）进行甲骨缀合的思路和方法。

2.2 甲骨卜辞语义研究的特点

通过梳理相关文献可知,卜辞语义研究经历了由专人凭借学能经验,到其他学科背景研究人员借助计算机进行卜辞语义辅助研究的阶段;由依靠卜辞等一种甲骨数据逐步到多源数据融合研究的阶段;研究范式由甲骨字考释、缀合研究拓展到多学科、跨学科交叉研究。

卜辞语义研究的特点体现在以下几个方面。

①专业性。进行卜辞语义研究首先需具备甲骨文相关学科基本知识,了解甲骨文的字形、文例、结构等信息。

②多学科性与跨学科性。目前,甲骨文考释整体进展较为缓慢,迫切需要其他学科背景的研究人员加入,而语言学、古文字学、计算机、历史学等学科的交叉融合尤为值得期待。

③数据多源性。字形、构件、上下文、载体、文例等信息是进行甲骨文考释的重要依据,在卜辞语义研究中,要充分结合这些信息进行综合研判,给出符合客观事实的结论。

2.3 甲骨卜辞语义研究的意义

跳出对甲骨字具体意义的阐释,围绕整条卜辞进行语义研究,一方面得益于对常见甲骨字的释读;另一方面能够结合人工智能技术进行有效的辅助研究。在当前人工智能环境下,借助机器学习理论和方法(如多视角学习、复杂网络等)对甲骨卜辞进行多层次、多维度挖掘,具有如下理论和实践意义。

①对甲骨文理论研究的价值。将机器学习理念,如多视角学习,引入甲骨文研究领域,综合运用计算机学、图书情报学、语言学、数学等学科的理论和方法,全面、系统地探讨卜辞之间多层次、多维度的语义关联,突破以往将甲骨学的研究焦点放在甲骨资料整理的局限,其研究成果无疑将丰富和完善甲骨文理论研究体系。

②对甲骨文考释的价值。在多视角学习、复杂网络理论的指导下,可分别获得卜辞的主题聚类与甲骨字的语义聚类,为甲骨字的考释提供了丰富的上下文信息,有助于发现甲骨字之间新的搭配和组合,将对甲骨文语法、文

例等研究积累大量可以参考的素材。

③指导有效的甲骨缀合应用。在上述研究基础上,对卜辞聚类结果进行深入、系统地分析,将每一个主题类中的卜辞进行对比,借以推测断裂卜辞上缺失的甲骨字,并以此为线索,综合残字、边缘、甲骨形态学及其他甲骨文例知识,实现有效的甲骨缀合应用。

2.4 甲骨卜辞语义研究存在的问题

经过几代甲骨学人的努力,甲骨文研究取得了长足的发展,在考释、缀合、辨伪等领域获得了举世瞩目的成就。检索近 20 年有关卜辞语义研究的文献,其大多集中于甲骨文的语法结构、语用等方面,较少关注卜辞语义方面的研究,如卜辞主题、事类分类、话题类型等。综合上述分析,将甲骨卜辞语义研究中尚存在的问题归纳如下。

①研究材料与视角较为单一,忽略了卜辞之间多维度、不同形式的语义关联,得出的结论不具代表性。在因甲骨断裂造成卜辞不完整、甲骨字缺失的情况下尤为明显,此时,对卜辞的释读需要结合其他方面的材料进行综合分析。

②学科交叉融合研究不够深入。甲骨学家用计算机进行甲骨文辅助研究的实践可以追溯到 20 世纪 70 年代,童恩正等探索了使用计算机对甲骨卜辞进行缀合的实践[36];莫伯峰等基于人工智能中的 BERT 语言模型,模拟了专家的部分辞例归纳能力,在《上博简》数据集上做了一些尝试[37]。这些工作对促进甲骨文相关学科的融合发展做了积极、有益的探索,并取得了不错的效果,但学科交叉融合的深度不够,主要表现在甲骨学领域知识的引入与计算模型的有效整合、深度学习模型在甲骨学研究中的可解释性等方面。

总的来说,这些研究都是基于卜辞的语义信息而开展的一些探索应用,给甲骨学研究提供了一些有益的思路和方向;然而,这些研究仅聚焦于卜辞文本内容方面的信息,没有综合考虑卜辞的分类、位置及其他有助于卜辞语义关联发现的信息。

2.5 甲骨卜辞语义研究的热点和趋势

在上述文献调研分析的基础上可以看出,与甲骨卜辞语义研究相关的工作出现的相对较少，而现有工作主要集中于甲骨文语法结构、文例知识发现等方面，探讨甲骨卜辞语义研究的热点和趋势，有助于厘清当下卜辞语义研究的方向，为其他学科人员开展甲骨文研究提供一定的参考和助益。

采用 BICOMB 书目共现分析系统（V2.0）[38-39]，对第 2.1 节搜集到的 100 余条文献进行关键词统计分析，选择出现频次不少于 2 次的关键词，其结果如表 2.1 所示。

表 2.1 甲骨卜辞语义研究相关文献词频统计（频次≥2 次）

序号	关键词	出现频次/次	序号	关键词	出现频次/次
1	甲骨文	39	23	语义指向	2
2	语义	9	24	可拓学	2
3	甲骨卜辞	7	25	语料库	2
4	语法	5	26	甲骨字	2
5	语用	5	27	语义分类	2
6	本体	5	28	句法语义	2
7	对贞卜辞	4	29	兼类词	2
8	句法	4	30	语义标注	2
9	复杂网络	4	31	语法功能	2
10	甲骨刻辞	4	32	祭祀动词	2
11	双宾结构	3	33	选贞卜辞	2
12	语义分析	3	34	知网	2
13	介词	3	35	时间	2
14	自	3	36	构件	2
15	非祭祀动词	3	37	比较	2
16	句型	3	38	焦点	2
17	本义	3	39	原因	2
18	词汇	3	40	衍生	2
19	拓片	2	41	卜辞	2
20	语义语法范畴	2	42	预测	2
21	上古汉语	2	43	副词	2
22	断代	2	44	信息结构	2

从表 2. 1 可以看出，频次最高的前 10 个关键词分别为：甲骨文、语义、甲骨卜辞、语法、语用、本体、对贞卜辞、句法、复杂网络、甲骨刻辞；语义分析、本义、语义标注、句法语义等词出现的频次分别为 3 次、3 次、2 次、2 次，说明了卜辞语义研究集中在语法结构、句法语义上面。

采用文献计量学方法对表 2. 1 中的高频关键词进行分析，生成的词篇矩阵如图 2. 4 所示。

*	0000000001	0000000002	0000000003	0000000004	0000000007	0000000008	0000000009	0000000012	0000000013	0000000014	0000000015	0000000016	0000000017
甲骨文	1	1	0	1	0	1	0	1	0	0	1	1	0
语义	0	0	1	0	1	1	0	0	0	0	0	0	0
甲骨卜辞	0	0	0	0	0	0	0	0	0	0	0	0	0
语法	0	0	0	0	0	0	0	0	1	0	0	0	0
语用	0	0	1	0	1	0	0	0	0	0	0	0	0
本体	0	0	0	0	0	0	0	0	0	0	0	0	0
对贞卜辞	0	0	1	0	1	0	0	0	0	0	0	0	0
句法	0	0	0	0	0	0	0	0	0	0	0	0	0
复杂网络	0	0	0	0	0	1	0	1	0	0	0	0	0
甲骨刻辞	0	0	0	0	0	0	0	0	1	0	0	0	0
双宾结构	0	0	0	0	0	0	0	0	0	0	0	0	0
语义分析	0	0	0	0	0	0	1	0	0	0	0	0	0
介词	1	0	0	0	0	0	0	0	0	0	0	0	0
自	1	0	0	0	0	0	0	0	0	0	0	0	0
非祭祀动词	0	0	0	0	0	0	0	0	0	0	0	0	0
句型	0	0	0	0	0	0	0	0	0	0	0	0	0
本义	0	0	0	0	0	0	0	0	0	0	0	0	0
词汇	0	0	0	0	0	0	0	0	1	0	0	0	0
拓片	0	0	0	0	0	0	0	0	0	0	0	0	0
语义语法范畴	0	0	0	0	0	0	0	0	0	0	0	0	0
上古汉语	0	0	0	0	0	0	0	0	0	0	0	0	0
断代	0	0	0	0	0	0	0	0	0	0	0	0	0
语义指向	0	0	0	0	0	0	0	0	0	0	0	1	0
可拓学	0	0	0	0	0	0	0	0	0	0	0	0	0

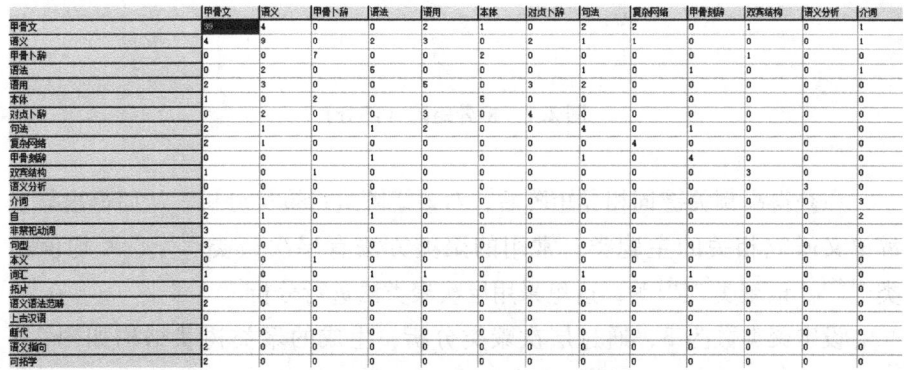

图 2. 4　高频关键词词篇矩阵（部分）

图 2. 4 中，行代表关键词，列代表文档，矩阵中的元素代表该关键词是否在相应文档中出现，1：出现；0：未出现。对词篇矩阵进一步处理，生成关键词共现矩阵，如图 2. 5 所示。

图 2. 5 中，行和列都表示关键词，矩阵中的元素代表相应的两个关键词共现的频数（同时在多少篇文档中出现），可以看出，对角线元素相应于表

	甲骨文	语义	甲骨卜辞	语法	语用	本体	对贞卜辞	句法	复杂网络	甲骨刻辞	双宾结构	语义分析	介词
甲骨文	39	4	0	0	2	1	0	2	2	0	1	0	1
语义	4	9	0	2	3	0	2	1	1	0	0	0	1
甲骨卜辞	0	0	7	0	0	2	0	0	0	0	1	0	0
语法	0	2	0	5	0	0	0	1	0	1	0	0	1
语用	2	3	0	0	5	0	3	2	0	0	0	0	0
本体	1	0	2	0	0	5	0	0	0	0	0	0	0
对贞卜辞	0	2	0	0	3	0	4	0	0	0	0	0	0
句法	2	1	0	1	2	0	0	4	0	1	0	0	0
复杂网络	2	1	0	0	0	0	0	0	4	0	0	0	0
甲骨刻辞	0	0	0	1	0	0	0	1	0	4	0	0	0
双宾结构	1	0	1	0	0	0	0	0	0	0	3	0	0
语义分析	0	0	0	0	0	0	0	0	0	0	0	3	0
介词	1	1	0	1	0	0	0	0	0	0	0	0	3
自	2	1	0	1	0	0	0	0	0	0	0	0	2
非祭祀动词	3	0	0	0	0	0	0	0	0	0	0	0	0
句型	3	0	0	0	0	0	0	0	0	0	0	0	0
本义	0	0	1	0	0	0	0	0	0	0	0	0	0
词汇	1	0	0	1	1	0	0	1	0	1	0	0	0
拓片	0	0	0	0	0	0	0	0	2	0	0	0	0
语义语法范畴	2	0	0	0	0	0	0	0	0	0	0	0	0
上古汉语	0	0	0	0	0	0	0	0	0	0	0	0	0
断代	1	0	0	0	0	0	0	0	0	1	0	0	0
语义指向	2	0	0	0	0	0	0	0	0	0	0	0	0
可拓学	2	0	0	0	0	0	0	0	0	0	0	0	0

图 2. 5　高频关键词共现矩阵（部分）

2.1 中关键词的词频。下一步，为便于聚类分析，将共现矩阵转化为相似性矩阵（Ochiia 相似性），如图 2.6 所示。

	甲骨文	语义	甲骨卜辞	语法	语用	本体	对贞卜辞	句法	复杂网络
甲骨文	1	0.2135	0	0	0.14322	0.071611	0	0.16013	0.16013
语义	0.2135	1	0	0.29814	0.44721	0	0.33333	0.16667	0.16667
甲骨卜辞	0	0	1	0	0	0.33806	0	0	0
语法	0	0.29814	0	1	0	0	0	0.22361	0
语用	0.14322	0.44721	0	0	1	0	0.67082	0.44721	0
本体	0.071611	0	0.33806	0	0	1	0	0	0
对贞卜辞	0	0.33333	0	0	0.67082	0	1	0	0
句法	0.16013	0.16667	0	0.22361	0.44721	0	0	1	0
复杂网络	0.16013	0.16667	0	0	0	0	0	0	1
甲骨刻辞	0	0	0	0	0	0	0	0.25	0
双宾结构	0.09245	0	0	0.21822	0	0	0	0	0
语义分析	0	0	0	0	0	0	0	0	0
介词	0.09245	0.19245	0	0	0.2582	0	0	0	0
自	0.1849	0.19245	0	0	0.2582	0	0	0	0
非祭祀动词	0.27735	0	0	0	0	0	0	0	0
句型	0.27735	0	0	0	0	0	0	0	0
本文	0	0	0	0.21822	0	0	0	0	0
词汇	0.09245	0	0	0	0.2582	0.2582	0	0.28868	0
拓片	0	0	0	0	0	0	0	0	0.70711

图 2.6　相似性矩阵（部分）

接下来，将相似性矩阵转化为相异矩阵（采用 1 - 相似性矩阵获得），其目的在于两个方面：一是消除矩阵中零元素的影响；二是便于直接采用层次聚类法进行主题热点发现。结果如图 2.7 所示。

	甲骨文	语义	甲骨卜辞	语法	语用	本体	对贞卜辞	句法	复杂网络
甲骨文	0	0.7865	1	1	0.85678	0.92839	1	0.83987	0.83987
语义	0.7865	0	1	0.70186	0.55279	1	0.66667	0.83333	0.83333
甲骨卜辞	1	1	1.1102e-16	1	1	0.66194	1	1	1
语法	1	0.70186	1	2.2204e-16	1	1	1	0.77639	1
语用	0.85678	0.55279	1	1	2.2204e-16	1	0.32918	0.55279	1
本体	0.92839	1	0.66194	1	1	2.2204e-16	1	1	1
对贞卜辞	1	0.66667	1	1	0.32918	1	0	1	1
句法	0.83987	0.83333	1	0.77639	0.55279	1	1	0	1
复杂网络	0.83987	0.83333	1	1	1	1	1	1	0
甲骨刻辞	1	1	1	1	1	1	1	0.75	1
双宾结构	0.90755	1	1	0.78178	1	1	1	1	1
语义分析	1	1	1	1	1	1	1	1	1
介词	0.90755	0.80755	1	1	0.7418	1	1	1	1
自	0.8151	0.80755	1	1	0.7418	1	1	1	1
非祭祀动词	0.72265	1	1	1	1	1	1	1	1
句型	0.72265	1	1	1	1	1	1	1	1
本文	1	1	1	0.78178	1	1	1	1	1
词汇	0.90755	1	1	1	0.7418	0.7418	1	0.71132	1
拓片	1	1	1	1	1	1	1	1	0.29289

图 2.7　相异矩阵（部分）

在获得高频关键词相异矩阵后，对该矩阵进行聚类分析，从而得出与卜辞语义研究相关的主题类，常用的聚类方法有层次聚类[40-43]、K 均值聚类[44-45]、谱聚类[46-47]等，这里采用层次聚类法进行分析。

设定聚类数为 3，通过层次聚类分析，生成的聚类树状结构如图 2.8 所示。

在图 2.8 中，编号所代表的关键词如表 2.1 所示，其中编号为 7、25、

第 2 章　甲骨卜辞语义研究概况

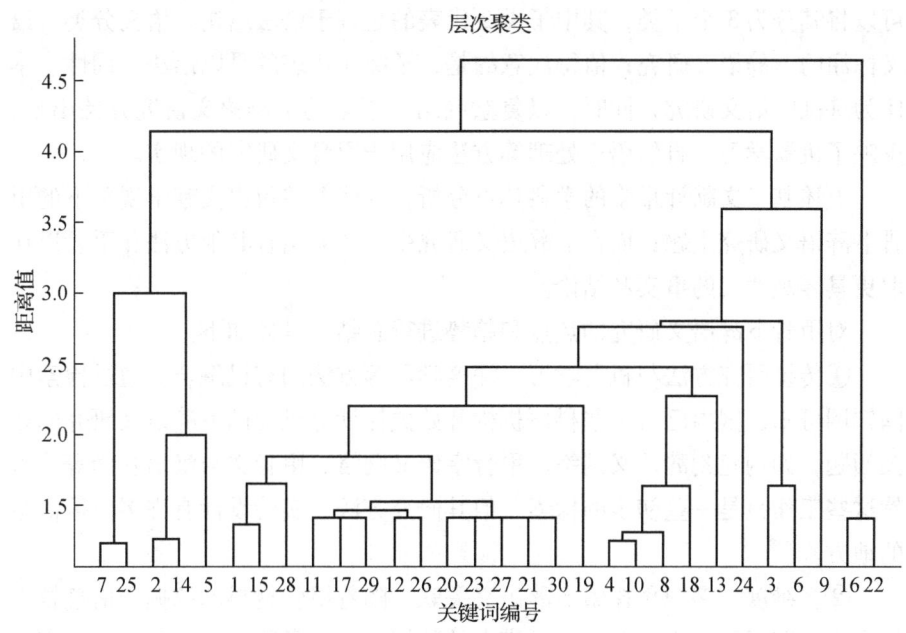

图 2.8　高频关键词层次聚类

2、14、5 所代表的关键词被划分为类 1；编号为 16、22 所代表的关键词被划分为类 3；其余关键词被划分为类 2。表 2.2 给出了 3 类中的关键词。

表 2.2　高频关键词与类标号对应关系

类	关键词
1	语义、语用、对贞卜辞、自、语料库、甲骨文
2	子类 1：甲骨文、非祭祀动词、句法语义； 子类 2：双宾结构、本义、兼类词、语义分析、甲骨字、语义语法范畴、语义指向、语义分类、上古汉语、语义标注； 子类 3：拓片、语法、甲骨刻辞、句法、词汇、介词、可拓学、甲骨卜辞、本体、复杂网络
3	句型、断代

如表 2.2 所示，语义、语用、语料库、对贞卜辞等关键词构成了类 1，反映了以语料库或同文卜辞为基础的语义研究；类 2 中包含的关键词最多，

可以将其分为3个子类，其中子类2代表的是基于语法结构、语义分类、语义标注的卜辞语义研究；值得注意的是，子类3代表的是以语法、词性、本体为基础的语义研究，同时，以复杂网络为手段的卜辞语义研究开始出现，反映了机器学习、自然语言处理等方法应用于甲骨文研究的现实。

上述基于文献计量学的学科热点分析，仅能简单得出文献学视角下的甲骨卜辞语义研究主题；而在卜辞语义研究中，还需结合其他方法和手段以获取更具客观意义的事实和结论。

对甲骨卜辞语义研究的热点和趋势进行总结，具体如下。

①传统研究方法与机器学习、深度学习等方法的有机融合。通过检索中国知网可知，国内已有一些科研机构开始关注计算机辅助卜辞语义研究的相关问题，如构建刻辞语义网络、甲骨字语义网络、甲骨文与汉语互译等。虽然这些工作只是一些初步的探索，但其研究方法、实验设计有许多值得借鉴的地方。

②多维度、多视角探索卜辞语义关联。随着甲骨材料的挖掘和信息技术的进步，积累了越来越多的不同模态的数据，如甲骨图像、卜辞文本、字形构件等，这些信息能够从不同方面反映甲骨文之间的关联，如何利用这些多模态数据进行有效的整合分析，是未来甲骨文研究的一个趋势。

③引入甲骨文领域知识，提升计算机辅助研究的效果。开展甲骨文研究要将甲骨文专家的经验和知识转化为计算机能够理解的领域信息，并将这些领域知识引入计算模型，只有这样才能显著提升计算机辅助甲骨文研究的成效。

2.6　本章小结

在对甲骨文语义研究相关文献系统回顾和梳理的基础上，首先综述甲骨卜辞语义研究的现状，对存在的问题进行了总结；其次基于上述分析，对卜辞语义研究的特点和意义进行了归纳和凝练；最后利用信息计量学方法，对卜辞语义研究的热点和趋势进行了分析。

第3章 多视角学习及其在甲骨文研究中的应用

随着信息技术的发展，在科学研究、社会生产等各个领域产生了形式多样、结构复杂的海量数据，通过多样化信息处理技术，许多数据可以用不同形式的特征来表示。例如，关于一段历史故事的记述，既可以采用文本的方式来描述，也可以采用音频的形式来组织；既可以出自一位史学家的讲述，也可以出自一些人的口耳相传；同一个对象从不同途径（或视角）获得的特征数据被称为多视角数据，其通常呈现出多源性、互补性、异构性等特点。图 3.1 给出了多视角数据及多视角学习阐释性的例子。

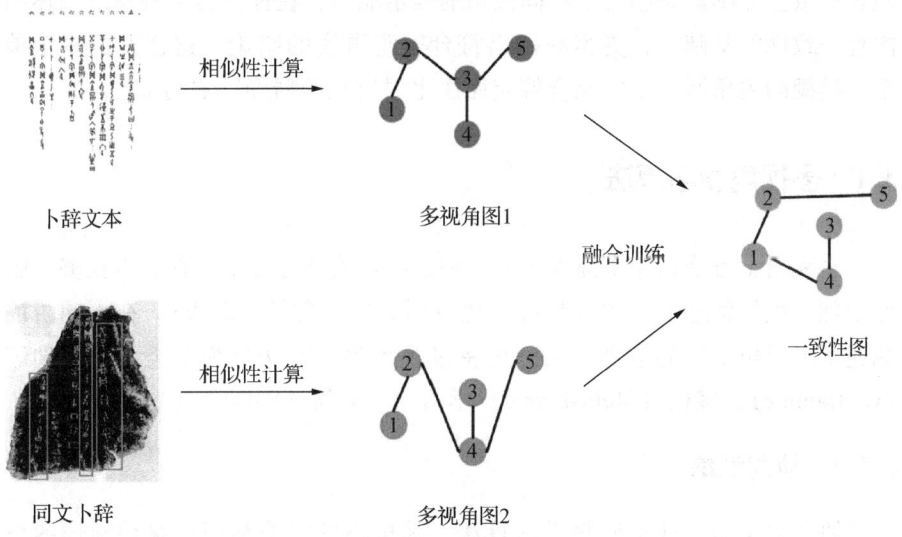

图 3.1 多视角数据及多视角学习阐释性例子

如图 3.1 所示，多视角数据具有不同的特征表示，有文本形式，也有图片形式。这里我们以多视角卜辞为例，视角 1 为卜辞文本，视角 2 为同文卜辞；然后，基于这些不同视角的数据，通过相似性测量计算卜辞语义相似性网络，用多视角图1、多视角图2表示；再将这些图输入多视角学习模型中，最后用习得一致的图表示，并用于下游的分析任务。

多视角数据存在于生活的方方面面，如同一个新闻事件既可以来自新浪，也可以来自网易，不同的是构成该新闻事件的词语表述上的差异；在网页分类问题中，同一个网页可以采用网页视角或锚链接视角来表示，前者由网页本身包含的内容构成，后者由指向该网页的锚链接构成，二者均为词语构成的文本向量[48]。对于甲骨卜辞数据而言，每一条卜辞可看作一个短文本，由若干甲骨字构成的字向量表示其内容视角。另外，根据卜辞之间的语义关系可构建卜辞语义网络，也可视为一种语义视角，即如果两条卜辞描述的主题相同或相似，则在这两条卜辞间构建一条连边，代表它们之间具有某种语义关系。通过在两个或多个视角上构建模型进行学习，最终可得到具有良好表示能力的低维向量，用于分类、聚类、可视化等分析任务。值得注意的是，多视角学习不是向量的简单拼接（将表示同一对象的两个视角的向量合成为一个向量，失去了统计意义，增加了维度和冗余），而是遵循互补性和一致性原则。它综合了不同视角的表示能力，在保持各个视角所描述的内容一致性的基础上，更容易得出符合客观事实的结论。这样，由多个单个、模糊的视角所带来的融合效应往往比"有限的精确"更可靠[49]。

3.1 多视角学习算法

多视角学习是近年来涌现出的一种新的机器学习技术，在文本挖掘、图像处理、生物信息学等领域具有广泛应用。参考文献［50-53］在不同阶段综述了多视角学习的进展，大致可将多视角学习方法分为3类：协同训练（Co-training）、多核（Multi-kernel）学习与子空间（Sub-space）学习。

3.1.1 协同训练

协同训练是一种半监督学习算法，其核心思想是利用少量待标记的样本，通过两个模型对其进行学习，并对未标记样本进行分类，然后选取具有最高置信度的样本，将其填充到带标记样本的训练集中，以上过程反复迭代直到所有未标记样本分类完毕[54]。鉴于协同训练算法在各分类器性能上的改善，基于不同的应用场景提出了若干变体，Dempster等设计了一种基于期望最大化（Expectation Maximization，EM）[55]的多视角EM聚类算法和凝聚多视角聚类算法,在文本数据集上进行了实验[56],并取得良好的效果;Nigam 等利用朴素贝叶斯作为基本分类器比较了 EM、Co-training 的性能,发现 Co-training 具有更强的鲁棒性,原因在于 Co-training 采用了一种类似增量学习的方法,每次迭代生成的分类器都基于一个"新"的数据集(在已标记的数据集中添加了一些置信度高的无标记样本),而 EM 在每次迭代过程中都基于同一个数据,因而其泛化能力较差[57]。协同训练算法的有效性主要基于两个假设:一个是数据集有两个充分且兼容的属性集,也就是说,每个视角拥有的属性都能描述这个问题,且和每个视角对应的目标函数能在大多数实例上产生相同的预测;另一个是在给定类别标记时,这两个属性集(或视角)是条件独立的。当数据满足以上两个假设的时候,协同训练算法通常具有较好的性能,然而这种假设在现实中往往很难得到满足。针对这一问题,参考文献[58-60]放松了对以上假设的限制,当数据集不具备充分冗余的属性集时,通过两个或多个分类器把实例空间划分为若干等价类,在文本分类任务上具有较好的表现。协同训练不仅适用于分类任务,还适用于回归问题,参考文献[61-64]利用协同训练的半监督回归思想进行预测,也取得了不错的效果。

综上所述,基于协同训练的多视角学习方法充分利用了同一个数据集的两个独立且兼容的属性集进行学习,通过不断扩大带标记数据的规模,使学到的分类模型比在单一属性集上有更高的精度。协同训练克服了单一视角"数据不完整"的弊端,每个分类器利用另一个分类器提供的无标记数据进行更新,这在某种程度上实现了信息的交互;然而,协同训练也存在一些弊端,如对属性集的划分不明确、在不满足其假设的条件下交叉验证带来较大的时间损耗、分类算法的选择不唯一等。

3.1.2　多核学习

多核学习即通过使用预定义的核函数,学习这些核的最优线性或非线性组合参数,以形成一个能准确刻画对象属性并用以进行分类、回归等任务的集成核。多核学习的应用主要体现在:对多源异构的信息使用不同的核,如声音、文本、图像等,然后对这些数据进行整合分析。Lanckriet 等在支持向量机的应用中首次考虑了核矩阵的锥组合问题[65],并且证实了这种组合的系数优化是一个凸优化问题;然而,对于数量众多的核或数据量大的情况,上述的优化问题往往不能得到有效解决,针对此种情况,参考文献[66-68]

分别提出了基于 SMO 的优化算法、半未定线性规划和混合范式正则化思想，用于大规模的数据集和数以百计的核运算中，取得了更为精确的结果；此外，在多核学习的基础上，牟少敏等采用了一种协同聚类的多核学习方法，在不影响算法性能的前提下，进一步提高了其运算效率[69]。在以上研究的基础上，汪洪桥等综述了多核学习方法的研究进展、优化算法，分析了几种多核学习方法存在的问题和不足，并就下一步的发展方向进行了分析[70]；Gonen 等比较了几种多核学习方法的异同，通过实验发现这些方法在准确性上并无大的不同，而在复杂性上存在较大差异，他们还进一步证实了在大部分应用场景中，多核学习的方法比基于单核的方法具有更强的普适性、非线性核组合方法比线性核组合方法具有更强的生命力[71]。

综上所述，多核学习利用核方法对样本进行分类，通过融合来自不同信源的信息，使原本在低维空间中线性不可分的样本在映射到高维空间后变得可分，利用多核代替单核不仅能增强决策的可解释性，还能获得更优的性能[65,72]。然而，多核学习也存在一定的不足，如在多个核函数的选择与组合上没有理论依据可循，如何处理好多个核之间的关系也没有明确的准则，此外，在处理大规模数据集时效率低下也是一个值得考虑的问题[70]。

3.1.3 子空间学习

基于子空间的信息融合旨在获得一个由多个视角共享的潜在子空间，然后基于这个子空间来执行聚类、分类、预测分析等任务。子空间学习可以看作是一个将数据从高维空间映射到低维空间的过程，在这个过程中需要保留哪些信息、依据什么准则都是需要考虑的问题。基于子空间的信息融合，按照数据的复杂程度可以分为线性和非线性两种，线性的子空间信息融合方法以典型相关分析（Canonical Correlation Analysis，CCA）[73-74]、费舍尔判别分析（Fisher Discriminant Analysis，FDA）[75]等为代表；非线性的子空间信息融合方法以核典型相关分析（Kernel CCA）[76-78]、核费舍尔判别分析（Kernel FDA）[79-81]及图融合的方法为代表。基于子空间的信息融合根据多个视角共享子空间的形式还可以分为最大相关子空间、低维子空间嵌入及潜在子空间 3 种。

（1）最大相关子空间

CCA 是子空间学习的一个代表，其实质是：将两组特征数据分别线性映射到低维的子空间，使低维子空间中的两个典型变量的相关系数最大。

Chaudhuri 等将高维数据映射到低维子空间,并用 CCA 进行多视角聚类[82]。CCA 也可应用于双语翻译、音视频流识别等场景。CCA 在两组变量存在高相关性的时候通常有较好的表现,然而现实中的数据并非完全具有这种属性,此外 CCA 只能探索两组变量之间的线性关系,而在实际情况中,变量之间的关系往往是非线性的,于是基于核函数的 FDA 等信息融合方法被提了出来,通过引入核函数将原始空间中的数据点提升到高维特征空间,然后再进行关联分析。核函数的引入有利于提升算法的性能,然而同样会遇到类似于多核学习的困境,如当遇到大规模数据时往往会非常耗用资源。

(2) 低维子空间嵌入

子空间嵌入是解决多视角信息融合问题的一个新的思路,在传统的降维方法中,当数据具有多个特征时,分别对每一个特征进行降维并不是一个理想的方案,因为不同的特征之间可能存在某种关联。如果将多个特征数据同时嵌入(Embedding)到一个共享的空间中,然后再对这个共享的嵌入空间进行降维,则可在一定程度上保留特征间的共性信息和潜在联系。Xia 等提出了一种多视角谱嵌入(Multiview Spectral Embedding,MSE)的方法,假设映射到低维空间中的每一个数据点都是从全局坐标系中选择出来的,通过 K 近邻方式对来自每个视角的每一个数据点构建一个"集"(Patch),然后在目标函数中引入谱矩阵和选择矩阵以将所有数据点多个视角的集统一起来,最后求得低维的嵌入空间[83]。参考文献[84-85]利用相对熵(KL 散度)来刻画低维嵌入空间中的概率分布,在一些任务上也获得较好的效果;Han 等提出了一种稀疏的无监督降维方法,首先用主成分分析(PCA)对各个视角的数据进行降维,以得到每个视角数据的低维潜在表示(模式),然后将这些模式级联起来形成一个新的联合矩阵,再对这个矩阵进行分解得到最终的一致表示。为了得到稀疏的特征表示和多个视角共享的模式,作者对载荷矩阵(Loading Matrix)的列与行分别施以 L1 范式和结构稀疏性诱导范式(Structured Sparsity-inducing Norm)[86],并在不同数据集上验证了其方法的有效性[87]。通过加权融合、级联等方式,子空间嵌入方法将获得不同视角的一致低维表示,然后基于这个低维表示执行各种任务(分类、回归预测、聚类等)。

(3) 潜在子空间

子空间嵌入模型与潜在子空间模型有许多相似的地方,这两种方法并没有明确的区分边界，有一点需要注意：子空间嵌入模型、潜在子空间模型是两种不同的多视角学习方法，前者是学习之前的融合，后者是学习过程中的融合，二者在模型的构建过程中融合信息的次序存在不同。

潜在子空间模型考虑的主要问题是多个视角数据间的联系，通过潜变量将多个视角间的数据彼此互联，使信息在各个视角之间传播和共享。核信息嵌入（Kernel Information Embedding，KIE）[88]假定样本来自一个分布，其目的在于寻找一个能反映原始数据结构的潜在低维分布，使得两个分布之间的互信息最大。参考文献[89-90]在 KIE 的基础上进一步提出了共享的核信息嵌入（Shared KIE），其思想是假定同一个数据的两个视角拥有一个共同的潜在分布，且两个视角是条件独立的，通过同时最大化这两个原始分布和共享的潜在分布之间的互信息，从而得到低维的潜在子空间表示。从信息论的角度考虑各个视角携带的信息与原始信息的相关性和一致性是一种自然的思想，在现实世界中有很多应用场景，如根据目标一个视角的输入特征，推理或预测目标在另一个视角中出现某种状态的可能。共享的高斯过程潜变量模型（Shared Gaussian Process Latent Variable Model，SGPLVM）[91]同样假设两个观测空间都是从一个共同的潜在子空间中衍生而来，SGPLVM 可用于对原始观测空间样例的预测，大致过程为：当一个视角涌现出一个新的样例时，可由模型得出其最可能在子空间中的表示，然后根据这个表示来预测该样例在另一个视角中的属性或状态。SGPLVM 在人工智能、模拟推理、模仿学习等领域或任务中有着广阔的应用前景。

虽然 Shared KIE 和 SGPLVM 都考虑了不同视角之间共享的信息，但忽略了每个视角所携带的个性化信息。针对此问题，参考文献[91]提出了一种 FOLS 算法，通过引入正交约束（潜在空间与各个视角特有的空间正交、各个视角之间特有的空间正交）将潜在子空间分解为共享的信息空间和各个视角特有的信息空间，在一定程度上解决了空间冗余性问题，但同时也带来了较大的计算成本，因为在目标优化的过程中需要求解由每个视角的特有矩阵和共享矩阵形成的联合矩阵的奇异值。为了减轻复杂的矩阵奇异值计算量，参考文献[92]提出了一种结构稀疏的潜空间分解模型，该模型借用了稀疏编码的思想（Sparse Coding），将原始的输入矩阵分解为字典矩阵和系数矩阵，通过在系数矩阵的行与字典矩阵的列上施以 $L_{1\infty}$ 范式来保证每个样例仅由字典矩阵的列子集的线性组合来近似（稀疏性），同时满足同一类的样例由相同的词典项线性表示的特点（结构性），还能达到自动选择子空间维数的目的。

综上所述,基于子空间的信息融合方法假设高维的数据空间中存在一个低维的流形,通过将数据映射到这个低维子空间来刻画数据之间的关联,这种假设符合人们的认知,因此受到了日益广泛的关注。基于子空间的信息融合模型的一个主要应用是聚类,在图像处理领域,Wang 等提出了一种鲁棒的子空间聚类方法,以角正则化(Angular Regularizer)获得了每个数据对象的多个稀疏向量表示,这些稀疏向量保证了在所有视角上的数据达到一致的相关性[93]。谱聚类也是一种相对成熟的聚类方法,多视角谱聚类应用都基于一个共同的假设:不同视角的数据具有相同的聚类结构,也就是说每个数据对象在不同视角中应该被分配相同的聚类成员资格。协同学习的多视角谱聚类(Co-learned Multi-view Spectral Clustering,CLMSC)[94]、协同训练的多视角谱聚类(Co-training Approach for Multi-view Spectral Clustering,CTMSC)[95]和协同正则化的多视角谱聚类(Co-regularized Multi-view Spectral Clustering,CRMSC)[96]都是基于这种假设而提出来的。基于谱聚类的信息融合技术考虑了将原始数据映射到前 K 个最大特征向量(最大特征值对应的特征向量)张成的子空间中,在很大程度上捕获了原始数据的关系和结构,在数据聚类中有着广泛的应用,但也存在值得商榷的地方,如 K 个特征向量自身携带原始数据重要程度的信息,第一个特征向量比第二个特征向量更能反映原始数据的特点,第二个特征向量比第三个更重要……依次类推,这种做法潜在赋予了子空间中每个特征向量所在维度的不同权重,定义了子空间中各维度的重要性,这与人们的认知相悖,因为在人们的潜意识里子空间时各维度在反映数据结构时应该具有同等重要性,不存在先后、大小等排序问题。

子空间既在一定程度上保留了原始数据的结构信息,又去除了噪声和冗余,在训练的时候能降低过拟合的风险。以子空间学习为代表的多视角学习方法受到了研究人员日益广泛的关注,代表性的有 CCA、FDA、JNMF、Multi-view NMF、SNF、SC 等。本书拟从聚类角度阐释子空间学习中一些代表性方法的原理。

①多视角谱聚类。谱聚类是一种理论上比较成熟的聚类技术,在很多领域都有重要的应用。多视角谱聚类(Multi-view Spectral Clustering,MSC)技术利用了谱方法的优良特性对多视角数据进行融合。参考文献[83,95,97-99]分别从不同角度刻画了 MSC 模型,为不失一般性,将 MSC 目标函

数定义为：

$$J = \max_{\substack{U^{(v)} \in \mathbb{R}^{n \times k} \\ U^{(w)} \in \mathbb{R}^{n \times k}}} \mathrm{tr}(U^{(v)\prime} A^{(v)} U^{(v)}) + \mathrm{tr}(U^{(w)\prime} A^{(w)} U^{(w)})$$

$$\text{s. t. } U^{(v)\prime} U^{(v)} = I, U^{(w)\prime} U^{(w)} = I_{\circ} \qquad (3.1)$$

其中，$\mathrm{tr}(\cdot)$ 代表矩阵的迹，$U^{(v)}$ 代表获得第 v 个视角的子空间，即该视角的前 k 个最大的特征值对应的特征向量构成的矩阵，$U^{(v)\prime}$ 代表其转置，I 代表单位矩阵，$A^{(v)} = D^{(v)-1/2} W^{(v)} D^{(v)-1/2}$ 指的是标准化后的相似矩阵，$D^{(v)}_{ii} = \sum_j W^{(v)}_{ij}$ 代表度矩阵。对子空间 $U^{(v)}$ 所在的行进行 K 均值聚（第 i 行对应于原始数据的第 i 个样本），即可获得该视角的聚类结构。

为了更直观地阐释 MSC 模型的构建，式（3.1）给出的是两个视角的融合模型，对于多个视角的数据可以据此扩展。谱聚类的有效性主要依赖于图矩阵的构建和依此生成的代表数据聚类结构的特征向量[96]，因此，为了提升模型的性能，通常在目标函数的构建中添加一个正则项来保证各个视角的聚类结构趋于一致，常见的正则项约束主要分两种。

第一，成对的协同正则化思想。该正则项假设：每个视角潜在的子空间中的同一对样本，其在各子空间中的相似性应该互相接近。为了更明确地量化这种表述，将违反这种假设的不一致性用数学模型表示如下：

$$D(U^{(v)}, U^{(w)}) = \left\| \frac{W_{U^{(v)}}}{\|W_{U^{(v)}}\|_F^2} - \frac{W_{U^{(w)}}}{\|W_{U^{(w)}}\|_F^2} \right\|_F^2 \circ \qquad (3.2)$$

其中，$D(U^{(v)}, U^{(w)})$ 代表从第 v 个视角和第 w 个视角获得的子空间差异性的函数，$W_{U^{(v)}}$ 代表 $U^{(v)\prime}$ 的相似性矩阵，相似性测量可用内积核、高斯核函数等，$\|\cdot\|_F$ 代表矩阵的 F 范式，通过将各相似性矩阵标准化，使得它们的值在同一个范围内。需要注意的是：$\|W_{U^{(v)}}\|_F^2 = k$，k 为聚类数，忽略常数项，式（3.2）可写为：

$$\begin{aligned} D(U^{(v)}, U^{(w)}) &= \left\| \frac{W_{U^{(v)}}}{\|W_{U^{(v)}}\|_F^2} - \frac{W_{U^{(w)}}}{\|W_{U^{(w)}}\|_F^2} \right\|_F^2 \\ &= \mathrm{tr}((U^{(v)} U^{(v)\prime} - U^{(w)} U^{(w)\prime})(U^{(v)} U^{(v)\prime} - U^{(w)} U^{(w)\prime})) \\ &\propto -\mathrm{tr}(U^{(v)} U^{(v)\prime} U^{(w)} U^{(w)\prime})_{\circ} \end{aligned}$$

$$(3.3)$$

结合以上分析，MSC 目标函数可重写为：

$$J = \max_{\substack{U^{(v)} \in \mathbf{R}^{n \times k} \\ U^{(w)} \in \mathbf{R}^{n \times k}}} \mathrm{tr}(U^{(v)\prime} A^{(v)} U^{(v)}) + \mathrm{tr}(U^{(w)\prime} A^{(w)} U^{(w)}) + \lambda \mathrm{tr}(U^{(v)} U^{(v)\prime} U^{(w)} U^{(w)\prime})$$

$$\mathrm{s.\,t.}\ U^{(v)\prime} U^{(v)} = I, U^{(w)\prime} U^{(w)} = I_{\circ} \tag{3.4}$$

参数 λ 用以平衡谱聚类目标函数和子空间表示的不一致性。在式 (3.4) 的联合优化过程中，可以采用固定一个变量、迭代更新另一个变量的做法，对于 $U^{(v)}$，其优化问题表述如下：

$$\max_{\substack{U^{(v)} \in \mathbf{R}^{n \times k} \\ U^{(w)} \in \mathbf{R}^{n \times k}}} \mathrm{tr}(U^{(v)\prime}(A^{(v)} + \lambda U^{(w)} U^{(w)\prime}) U^{(v)})$$

$$\mathrm{s.\,t.}\ U^{(v)\prime} U^{(v)} = I_{\circ} \tag{3.5}$$

在式 (3.5) 中，$(A^{(v)} + \lambda U^{(w)} U^{(w)\prime})$ 为组合的核矩阵，根据谱聚类算法和理论[100]，其前 k 个最大的特征值对应的特征向量组成的矩阵即为 $U^{(v)}$ 的局部最优解。对于给定的 λ 和 n，式 (3.5) 是收敛的。

第二，一致的正则化思想。该正则项假设存在一个一致的子空间 U^*，每个视角的子空间都和 U^* 接近。还以两个视角为例，目标函数可表示为：

$$J = \max_{\substack{U^{(v)} \in \mathbf{R}^{n \times k} \\ U^* \in \mathbf{R}^{n \times k}}} \sum_{v=1}^{m} \mathrm{tr}(U^{(v)\prime} A^{(v)} U^{(v)}) + \sum_{v=1}^{m} \lambda_v \mathrm{tr}(U^{(v)} U^{(v)\prime} U^* U^{*\prime})$$

$$\mathrm{s.\,t.}\ \forall v \in [1, m], U^{(v)\prime} U^{(v)} = I, U^{*\prime} U^* = I_{\circ} \tag{3.6}$$

其中，m 为不同视角的个数，λ_v 为各视角所占权重。保持其他变量固定，U^v 的更新问题如下：

$$\max_{U^{(v)} \in \mathbf{R}^{n \times k}} \mathrm{tr}(U^{(v)\prime} A^{(v)} U^{(v)}) + \lambda_v \mathrm{tr}(U^{(v)} U^{(v)\prime} U^* U^{*\prime})$$

$$\mathrm{s.\,t.}\ U^{(v)\prime} U^{(v)} = I_{\circ} \tag{3.7}$$

同理，$(A^{(v)} + \lambda_v U^* U^{*\prime})$ 的前 k 个特征向量组成的矩阵即为 U^v 的解。U^* 的优化问题为：

$$\max_{\substack{U^{(v)} \in \mathbf{R}^{n \times k} \\ U^* \in \mathbf{R}^{n \times k}}} \sum_{v=1}^{m} \lambda_v \mathrm{tr}(U^{(v)} U^{(v)\prime} U^* U^{*\prime}) = \max_{\substack{U^{(v)} \in \mathbf{R}^{n \times k} \\ U^* \in \mathbf{R}^{n \times k}}} \mathrm{tr}(U^{*\prime} \sum_{v=1}^{m} \lambda_v (U^{(v)} U^{(v)\prime}) U^*)_{\circ}$$

$$\tag{3.8}$$

类似地，U^* 的解为 $(\sum_{v=1}^{m} \lambda_v (U^{(v)} U^{(v)\prime}))$ 的前 k 个特征向量构成的矩阵。

两种正则化思想的差异体现在以下几个方面。a. 协同正则化思想有

$\binom{2}{m}$ 个正则项，而一致的正则化思想有 m 个正则项，所以其复杂度小于前者；b. 采用协同正则化思想得到的各视角的子空间 U^v 需要级联起来以形成一个新的子空间，然后利用 K 均值算法对其聚类；而一致的正则化思想只需对 U^* 进行聚类。两种正则化思想不存在孰优孰劣的情形，在实际应用中，可根据不同的任务选择相应的正则化思想，也可依据领域知识做出不同的假设，然后再根据假设构建相应的模型。

②连接的多视角非负矩阵分解。谱聚类方法由于其成熟的理论推理，一直受到较大的关注，在许多领域也有成熟的应用，然而谱聚类生成的子空间由其特征向量构成，这些特征向量彼此正交，且具有序列属性。这些特性在客观实际中表现过于严格，对一个具体的实例而言，"非此即彼"的论断往往与现实不符，因此，非负矩阵分解天然的"软"（模糊）聚类性质受到了研究人员更多的关注。

连接的多视角非负矩阵分解（Joint Nonnegative Matrix Factorization，JNMF）的一个潜在假设是：来自不同视角的数据具有一个共同的低维子空间潜在表示[101-106]。其目标函数为：

$$J = \underset{W,V,H}{\text{Min}} \alpha \|X - WH\|_F^2 + (1-\alpha)\|Y - VH\|_F^2 \tag{3.9}$$

$$\text{s.t. } W, V, H \geq 0, 0 \leq \alpha \leq 1。$$

其中，$X \in \mathbb{R}^{m_1 \times n}$、$Y \in \mathbb{R}^{m_2 \times n}$ 为同一实体对象集的两个不同视角，k 为子空间的维度，$W \in \mathbb{R}^{m_1 \times k}$、$V \in \mathbb{R}^{m_2 \times k}$ 分别代表分解后的两个视角的基矩阵，$H \in \mathbb{R}^{k \times n}$ 为共享的潜在子空间，H_j 为 H 的第 j 列，代表原始数据中第 j 个实例在子空间 H 中的表示，α 为权重参数，用来衡量每个视角在目标函数中的权重。

通过两个约束的最小二乘问题的凸组合来近似求解子空间表示，目标函数的优化过程通过多乘更新算法实现，根据得到的子空间 H，可以对数据进行聚类、预测等任务。JNMF 模型在许多领域实现了成功应用，如文本检索、图像注释、缺失值处理等，然而其假设过于强烈，当两个视角存在不兼容或具有噪声情况时，性能往往不是很理想。

③一致的多视角非负矩阵分解。为了解决 JNMF 模型假设过于严格的情况，很多改进的方法被提了出来，以一致的多视角非负矩阵分解模型[107-109]为代表，该模型假设多个视角的数据间蕴含一致的结构模式，每个视角潜在的聚类模式都近似这个一致的模式。一致的多视角非负矩阵分解（Multi-view Nonnegative Matrix Factorization，Multi-view NMF）模型目标函数可表

述为：

$$J = \min_{U^{(v)}, V^{(v)}} \sum_{v=1}^{n_v} \|X^{(v)} - U^{(v)}V^{(v)}\|_F^2 + \sum_{v=1}^{n_v} \lambda_v \|V^{(v)}Q^{(v)} - V^*\|_F^2$$
$$\text{s.t.} \quad \forall 1 \leq v \leq n_v, U^{(v)} \geq 0, V^{(v)} \geq 0, V^* \geq 0 \text{。} \quad (3.10)$$

其中，n_v 代表视角的个数，$X^{(v)}$、$U^{(v)}$、$V^{(v)}$ 分别代表第 v 个视角的数据、基矩阵和系数矩阵，V^* 为不同视角的一致子空间表示，λ_v 为各视角所占的权重，同时也调节目标函数中重构误差与正则项之间的平衡，$Q^{(v)}$ 为辅助矩阵，其作用是对系数矩阵 $V^{(v)}$ 进行归一化，使得从不同视角获得的 $V^{(v)}$ 的值可比，$Q^{(v)}$ 公式定义为：

$$Q^{(v)} = diag\left(\sum_{i=1}^{m} U_{i,1}^{(v)}, \sum_{i=1}^{m} U_{i,2}^{(v)}, \cdots, \sum_{i=1}^{m} U_{i,k}^{(v)}\right)\text{。} \quad (3.11)$$

其中，$\sum_{i=1}^{m} U_{i,k}^{(v)}$ 指的是第 i 个视角获得的基矩阵在第 k 列上的和，$diag(\cdot)$ 代表以括号中的元素构成的对角矩阵。

在 Multi-view NMF 模型构建过程中，利用了 NMF 与概率隐语义分析（Probabilistic Latent Semantic Analysis，PLSA）[110] 的关系，而且这种关系有助于聚类结果的解释。PLSA 是文本分析中的一种经典主题模型，基于最大似然法则并且定义了一个合适的数据生成模型，有严谨的数理统计理论做支撑。以文档–词矩阵为例，对 PLSA 概率模型做一个简单陈述。

a. 用概率 $P(d)$ 从文档集中选择一个文档 d；
b. 用概率 $P(z|d)$ 从主题集合中选取主题（隐变量）z；
c. 用概率 $P(w|z)$ 生成一个单词 w。

通过以上步骤，可以生成一个观测对 $P(d,w)$，具体指的是词 w 和文档 d 共现的概率，把以上过程转化为联合概率模型，可以表述为：

$$P(d,w) = P(d)P(w|d)\text{；} \quad (3.12)$$
$$P(w|d) = \sum_{z \in Z} P(w|z)P(z|d)\text{。} \quad (3.13)$$

合并以上两个等式，可得出：

$$P(d,w) = \sum_{z \in Z} P(w|z)P(z,d)\text{。} \quad (3.14)$$

在 Multi-view NMF 模型中，通过对原始数据矩阵 X 进行归一化使得 $\|X\|_1 = 1$，对 U 矩阵进行列归一化，使得 $U \leftarrow UQ^{-1}$，$V \leftarrow QV$，则有下式成立：

$$\|X\|_1 = \left\|\sum_j X_j\right\|_1 \approx \sum_{k=1}^{K} \left\|U_{\cdot,k}\sum_j V_{k,j}\right\|_1 = \sum_{k=1}^{K}\left\|\sum_j V_{k,j}\right\|_1 = \|V\|_1 \text{。}$$

(3.15)

其中，$\|\cdot\|_1$ 代表矩阵或向量的 1 范式。参考文献［111-112］揭示了 UQ^{-1}、QV 与条件概率矩阵［$P(w|z)$］$\in \mathbf{R}_+^{M\times K}$、［$P(z,d)$］$\in \mathbf{R}_+^{K\times N}$ 有相似的特性，这为 NMF 在聚类上的应用提供了理论基础[108]。需要指出的是，在 NMF 形成的子空间 V 中，每一列 V_j 中的元素代表该样本在多大程度上隶属于这个聚类。值得注意的是，在 PLSA 中 $\sum P(z,d) = 1$，NMF 分解后的子空间 V 的 1 范式也近似为 1，这在式（3.15）中也得到了证明。子空间 V 标准化后的 QV 同样可作为一个聚类指示矩阵，描述了文档 d 和主题 z 的联合分布概率。

④基于多图的信息融合。针对 NMF 模型"部分构成整体"的线性表示思想在处理非线性关系问题上的不足，一种基于多图的信息融合模型被提了出来。在图模型中，实体和实体间的关系通常用图 $G(V,E)$ 表示，其中，V 代表实体集，E 代表连接两个实体的边所构成的集合。通过为每个视角的数据构建连接图或相似矩阵，以实现实体关系的融合，最后可获得一致的聚类结构。在基于图的信息融合模型中，传统的做法是级联各个视角的数据以形成一个"新"的视角，然后基于这个视角构建图，再对该图进行谱聚类，这种做法忽略了各个视角之间的依存关系，且没有足够的理论意义，因而效果往往不是十分理想。最近，关于多图信息融合的研究涌现出了一些代表性成果，参考文献［113-115］分别从矩阵分解、k 近邻、加权的图近似 3 个角度阐释了基于多图的信息融合过程。这些方法都假设依据每个视角的数据源而构建的图中，存在着相同的结构模式。可用如下模型进行表示：

$$J = \sum_{i=1}^{m}\|A^{(i)} - SD^{(i)}S'\|_F^2 + \lambda R(S, D^{(i)}) \text{。}$$

(3.16)

其中，$A^{(i)}$ 代表由第 i 个视角的数据构成的相似矩阵，S 代表实体潜在的子空间结构，$D^{(i)}$ 代表相应于第 i 个视角的对称矩阵，反映了不同视角的差异性，$R(S, D^{(i)})$ 是一个正则项，以避免出现过拟合的情况。

为简明起见，将这种基于多图的信息融合模型用符号 Multi-graph Model 表示，Multi-graph Model 用图来封装实体间的关系，进而对图进行聚类，有完善的理论做支撑[116]，因而和谱聚类一样受到了研究人员的普遍关注。然而在 Multi-graph Model 中，相似矩阵 $A^{(i)}$ 构建方法和正则项参数 λ 的取值直接影响模型最后的性能。

Multi-graph Model 也可用于多重关系挖掘、知识发现等任务[117]。在关系挖掘中，每一种关系用图 $G^i(V,E^{(i)})$, $i=1,2,\cdots,n$ 表示，相应的矩阵用 $M^{(i)}$ 表示，其中 n 代表关系的种数。关系挖掘的目的在于寻找一个能最优表示实体间潜在关系的 $\hat{G}$ 或 $\hat{M}$，这种最优表示可以采用 G^i 的线性加权形式，也可以采用各种关系图的一致表示形式，抑或是各种关系图潜在的相同表示。

综上所述，多视角学习在文本挖掘、图像处理等诸多领域取得了成功应用，随着大量多源异构数据的产生，迫切需要开发新的工具和方法对这些数据进行深度挖掘和分析。基于此种考虑，结合甲骨数据日益增多的现实，将多视角学习方法引入甲骨文研究领域，针对甲骨数据的特性，尝试探索其在卜辞语义、主题识别、考释与缀合等领域的应用场景。

3.2　甲骨卜辞的多视角表示

卜辞记录了殷商时期政治、军事、社会生活等方方面面，是甲骨文的主要表现形式。卜辞文例一般由4个部分组成：叙辞、命辞、占辞、验辞。叙辞记述了占卜的时间和占卜者，命辞陈述了贞问之事，贞人根据卜兆判断吉凶并将结果篆刻于甲骨之上，为占辞；验辞则记录了所占之事的应验情况[118]。卜辞长短不一，短则不超过10个甲骨字，长则达四五十余字，从文本分析的角度，可将其看作短文本。在文本挖掘任务中，需首先对文本进行向量化处理，然后将向量化的文本作为模型的输入内容，最后进行文本聚类、可视化等分析。

对于甲骨卜辞而言，可通过以下几个步骤对其进行向量化表示：

① 卜辞搜集；
② 卜辞切分；
③ 卜辞特征提取及向量化表示。

下面，我们将详细阐述卜辞搜集、卜辞切分、卜辞特征提取及向量化表示所涉及的原理及方法。

3.2.1　卜辞搜集

卜辞是进行甲骨文数据分析的基础资料，也是最重要的第一手材料。这里，我们以安阳师范学院"殷契文渊"平台所收录的甲骨文著录数据为研究对象，卜辞文本数据如图 3.2 所示。

图 3.2　卜辞文本数据

卜辞文本反映了卜辞的上下文信息，无疑是研究甲骨文最为重要的一种材料；然而，卜辞位置、同文等信息也在一定程度上反映了其语义关系。通读甲骨卜辞可以发现，同文卜辞（为同一件事占卜获得的文辞相同或基本相同的卜辞）刻写于同一版或数版龟甲上，记录了相同主题的事情，如狩猎、祭祀、天气等，为进一步探索卜辞语义提供了重要途径[119]。利用卜辞同文信息或位置信息进行建模，将有助于提高卜辞文本聚类方法的性能。同文卜辞数据如图 3.3 所示。

如图 3.3 所示，框内的 3 条卜辞为同文卜辞，刻写于同一版甲骨之上，其贞问或描述的事情具有相同（相关）的主题。

同文卜辞为甲骨文考释与缀合提供了重要的线索。在本书中，将其视为一种视角或者某种约束信息，以便进行多视角建模和主题发现，相关内容在后续章节中进行具体介绍。

第3章 多视角学习及其在甲骨文研究中的应用

图 3.3　同文卜辞示例

3.2.2　卜辞切分

在卜辞数据搜集的基础上,需要对这些数据进行预处理操作,及卜辞的切分。卜辞数据不同于英文文本和自然语言文本,每个甲骨字包含具体的语义信息,一种自然的处理方式是对卜辞中的每个甲骨字进行切分,如下例所示。

卜辞原文:

利用切分工具[120],将其切分为:

通过对每条卜辞进行切分处理,可获得切分后的卜辞文本数据。值得注意的是,在切分后的卜辞文本中有很多无效的词,如标点符号,在文本分析时不需要引入这类词,因此需要将其过滤掉,这些词称为停用词(Stop Words)。在实际操作中,我们需构建一个简单的停用词表。

下面给出利用"jieba"分词工具对卜辞进行切分的 python 代码示例,卜辞文本存储于'bc_test0.txt'文件中,切分后的文本存储于'bc_test1.txt'文件。

```
# 导入分词工具
import jieba
```

```
with open('bc_test0. txt') as f:
    document = f. read()
    document_decode = document. decode('GBK')
    document_cut = jieba. cut(document_decode)
    result = ' '. join(document_cut)
    result = result. encode('utf-8')
    with open('bc_test1. txt','w') as f2:
        f2. write(result)
    f. close()
    f2. close()
```

引入停用词表的源码示例:

```
#从文件导入停用词表以备用
stpwrdpath = "stop_words. txt"
stpwrd_dic = open(stpwrdpath,'rb')
stpwrd_content = stpwrd_dic. read()
#将停用词表转换为 list
stpwrdlst = stpwrd_content. splitlines()
stpwrd_dic. close()
```

3.2.3　卜辞特征提取及向量化表示

对卜辞文本进行切分处理后,接下来要对待分析的卜辞进行特征化处理,以形成"词—文档"矩阵,其中,每个元素代表相应的词在文档中出现的频次。为消除矩阵中极大值的影响,一种常用的标准化方法是 TF-IDF (Term Frequency-Inverse Document Frequency,词频-逆文件频率)[121-125],用以评估某个词语对于一个文档集或一个语料库中的一份文档的重要程度,其原理可概括为:

一个词语在一篇文章中出现次数越多,同时在所有文档中出现次数越少,则越能够代表该文章。

TF-IDF 由两个部分构成,其计算公式为:

$$\text{TF-IDF} = TF \times IDF, \tag{3.17}$$

其中,TF (Term Frequency) 代表词频,即某一个给定的词在该文档中出现的次数,计算公式为:

$$TF_w = \frac{w \text{ 在文档中出现的次数}}{\text{该文档中所有词出现的总次数}} \text{。} \qquad (3.18)$$

IDF（Inverse Document Frequency）代表逆文档频率，指的是：包含词条的文件越少，则说明词条具有越好的类别区分能力。计算公式为：

$$IDF_w = \log\left(\frac{\text{语料库中文档总数}}{\text{包含 } w \text{ 的文档数} + 1}\right) \text{。} \qquad (3.19)$$

TF-IDF 在自然语言处理、文本挖掘、信息检索等领域有着广泛的应用，综合了 TF 与 IDF 二者的优势，往往容易给出更符合文档主题特征的词权重。

在卜辞文本分析时，使用 scikit-learn 包中的 TfidfVectorizer 类实现文本的向量化及 TF-IDF 标准化处理，代码如下。

首先，将分好词后的文本'bc_test1.txt'和'bc_test2.txt'载入内存：

```
# 'bc_test1.txt','bc_test3.txt' 为切分后的文本
with open('bc_test1.txt') as f3:
    res1 = f3.read()
with open('bc_test3.txt') as f4:
    res2 = f4.read()
```

其次，可以进行向量化、TF-IDF 标准化处理了。需注意的是，下面的代码引入了上面的停用词表。

```
from sklearn.feature_extraction.text import TfidfVectorizer
corpus = [res1,res2]
# stpwrdlst 为手动添加的卜辞停用词表,包括标点符号等常用词
vector = TfidfVectorizer(stop_words = stpwrdlst,analyzer = "char")
tfidf = vector.fit_transform(corpus)
```

最后，可以看到每个词的 TF-IDF 权重，代码如下：

```
# 获取词袋模型中的所有词
wordlist = vector.get_feature_names()
# TF - IDF 矩阵元素 a_ij 表示 j 词在第 i 个文本中的 TF - IDF 权重
weightlist = tfidf.toarray()
#打印每类文本的 TF - IDF 词语权重,第一个 for 遍历所有文本,第二个
for 遍历某一个文本下的词语权重
for i in range(len(weightlist)):
```

```
print " - - - - - - - 第",i,"段文本的词语 TF - IDF 权重 - - - - - - "
for j in range(len(wordlist)):
    print wordlist[j],weightlist[i][j]
```

经以上向量化和标准化处理后的"词—文档"矩阵，可用于下游的各种分析任务，如主题分析、可视化等。

前面内容从卜辞文本的视角介绍了卜辞搜集、卜辞切分、卜辞特征提取及向量化表示，最终获得"词—文档"矩阵，并用于主题模型的输入。然而，仅利用卜辞文本进行分析，数据过于单一，容易得出偏颇甚至错误的结论，原因在于以下几个方面。

①卜辞为短文本数据，短小的卜辞不超过10个甲骨字，多则几十个，而甲骨字有5000余个，因而形成的"词—文档"矩阵非常稀疏，对模型、算法的设计具有很大的挑战性；

②"词—文档"矩阵是一种传统的数据表示方式，没有考虑到甲骨字之间的位置关系，是一种词袋模型（Bag of Words，BOW），获取卜辞准确的释文较为困难；

③因发掘、辗转收藏等原因，卜辞多有残断，且未考释甲骨字占比较大（近2/3），这些情况对卜辞数据分析带来了极大挑战。

综上所述，应搜集、整合多种形式的卜辞数据，对其进行学习及向量化表示，从多个方面阐释卜辞之间的语义关联，这是目前较为可行的思路和方法。

3.2.4 卜辞数据的多视角表示

多视角学习是整合多种形式来源的数据，通过构建适合数据本身特征的模型进行有效学习的一种机器学习方法。因多视角学习整合并提取了数据中蕴含的互补性和兼容性信息，往往容易得出更符合客观规律和现实的科学结论。上述章节中，我们从卜辞文本视角构建了"词—文档"矩阵，在该矩阵中行代表特征，即甲骨字，列代表卜辞文本，即每一列表示一条卜辞，下面从卜辞同文关系、所处甲板位置、字共现等视角来阐释卜辞的多视角表示。

（1）同文视角下的卜辞关系表示

同文卜辞，即刻在同一版或数版甲骨上的一事多卜的几条文字相似的卜辞[126-127]。同文卜辞记述了相同主题的事件，给甲骨缀合、残辞拟补[128]及卜辞文例等研究提供了直接的证据[129]。

第3章 多视角学习及其在甲骨文研究中的应用

以安阳师范学院"殷契文渊"平台所收录的甲骨文著录数据为对象，其常见的卜辞同文如下：

卜辞1：✶✷✸，✹，✺✻✼✽。✾✿❀。❁❂❃❄

卜辞2：✶✷✸，✹，✺✻✼✽。✾✿❀

卜辞3：✶✷✹✸，✺✻✼✾。✹❁❂：❃。✾❀❁。❁❄❅❂❆❁

卜辞4：✶✷✹✸，✺✻✼✾。✹❁❂：❃。✾□❀。❁❇❅❂❈

卜辞1和卜辞2出自《甲骨文合集》，拓片编号为H26486（H代表甲骨文合集），如图3.4所示。

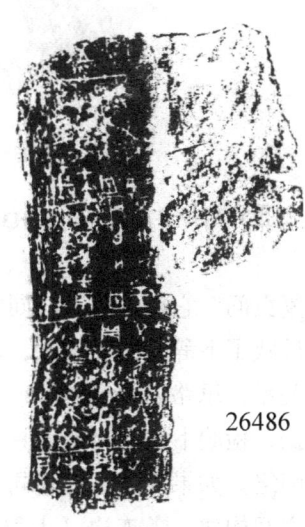

图3.4 《甲骨文合集》拓片（编号为H26486）

其释文为：

释1：癸丑卜，王，贞旬亡🂠。在五月。甲寅彡小甲。

释2：癸亥卜，王，贞旬亡🂠。在五月。

卜辞3和卜辞4出自《甲骨文合集》，拓片编号分别为H35524和H35525，如图3.5所示。

其释文为：

释3：癸酉王卜，贞旬王🂡。王占曰：吉。在七月。甲戌翌日大甲。

释4：癸未王卜，贞旬王🂡。王占曰：吉。在□月，甲申翌日小甲。

其中，"□"代表残缺的甲骨字。从上面4条卜辞可以看出，同文卜辞

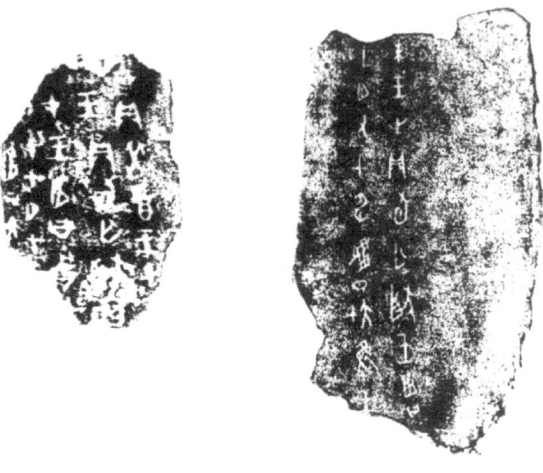

a H35524　　　　　　　b H35525

图 3.5　《甲骨文合集》拓片（编号分别为 H35524、H35525）

描述了对同一件事情的反复贞问，它们隶属于相同的语义主题。

同文现象在语义层面反映了卜辞之间的关联，基于此，从卜辞同文的视角来构建卜辞之间的语义关系，思路如下。

①根据甲骨文著录数据，检验卜辞之间是否具有同文关系；

②构建卜辞语义关联网络。如果两条卜辞是同文卜辞，它们之间蕴含相似的语义主题，则在它们之间构建一条连边（卜辞网络由卜辞和连边组成，顶点为卜辞，边代表两条卜辞之间的关联）。对搜集到的所有卜辞进行检验，从而构建一个庞大的基于同文关系的卜辞语义网络。

以"殷契文渊"平台所收录的甲骨卜辞数据为研究对象，从中筛选出卜辞 200 条，具有同文关系的卜辞 60 条，数据如表 3.1 所示。

表 3.1 中，第二列为卜辞文本，第四列为卜辞出处，最后一列显示了上下两条卜辞之间是否具有同文关系。基于表 3.1 所示数据，可以构建卜辞同文网络，如图 3.6 所示。

如图 3.6 所示，每个顶点代表一条卜辞，卜辞之间的连边代表这两条卜辞之间具有同文关系。

综上所述，同文卜辞描述了相同的语义主题，基于同文关系构建卜辞之间的关联能够从其所属的事类视角，揭示卜辞之间潜在的语义关联；同时，

第3章 多视角学习及其在甲骨文研究中的应用

表 3.1 具有同文关系的卜辞数据（部分）

编号	卜辞	备注	出处	序号	类型
H26629		无	甲骨文合集	1	同文卜辞
H26629		无	甲骨文合集	2	同文卜辞
H26628		无	甲骨文合集	3	同文卜辞
H26628		无	甲骨文合集	4	同文卜辞
H23141		无	甲骨文合集	5	同文卜辞
H23141		无	甲骨文合集	6	同文卜辞
H23126正		无	甲骨文合集	7	非同文卜辞
H23030		无	甲骨文合集	8	非同文卜辞
B01852正乙		无	补编	9	非同文卜辞
B01845		无	补编	10	非同文卜辞
B00464		无	补编	11	非同文卜辞
B00060正甲		无	补编	12	非同文卜辞
Y02566		无	英藏	13	非同文卜辞
H34165		无	甲骨文合集	14	非同文卜辞
H28433		无	甲骨文合集	15	同文卜辞
H28433		无	甲骨文合集	16	同文卜辞

图 3.6 卜辞同文网络阐释性例子

结合卜辞文本可生成"词—文档"矩阵，通过构建适当的多视角学习模型，在甲骨文研究方面能够提供一定的借鉴和支持。

（2）信息计量学视角下的卜辞关系表示——甲骨字共现

信息计量学是图书情报学科一个比较重要的研究领域，其从文献内部特征和外部特征来揭示文献之间的关联及衍生出的其他问题，包括某一领域研究主题的变迁、文献增长及老化、文献分布、引文分析、作者分布、期刊引用指数等[130-131]。共现理论[132-137]是构建复杂网络的一种基本方法。"共现"指文献的特征项所描述的信息共同出现在某个句子、段落、篇章中的现象，这里的特征项既包括文献的外部特征，也包括反映文献内容的内部特征，如题名、作者、关键词、所属单位等；而共现分析是对共现现象的定量研究，以揭示信息的内在关联和特征项所隐含的知识。

文献耦合[138]和共被引[139-140]是共现分析的两种基本类型。以引文分析为例，如果 A、B 两篇文献共同引用相同的文献，则称文献 A、文献 B 具有耦合关系，耦合强度为两篇文献共有的参考文献篇数。图 3.7 给出了一个阐释性例子。

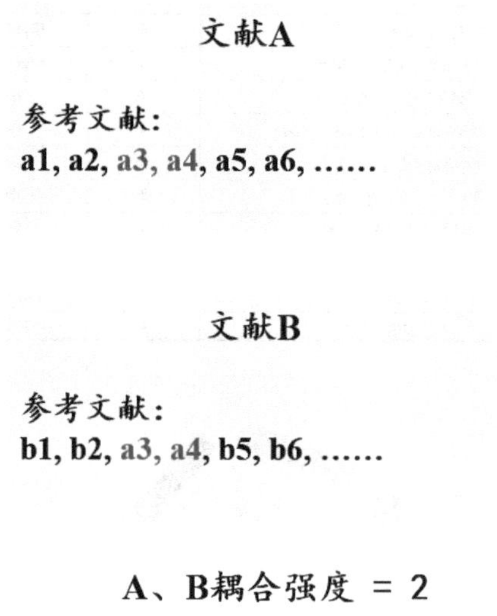

文献A

参考文献：
a1, a2, a3, a4, a5, a6, ……

文献B

参考文献：
b1, b2, a3, a4, b5, b6, ……

A、B耦合强度 = 2

图 3.7 文献耦合阐释性例子

文献耦合的思想也可用于卜辞数据分析，刘运通等[26]通过甲骨字所处甲骨卜辞上的位置信息，构建了一个庞大的甲骨刻辞网络，其中节点为卜辞，如果两条卜辞上均出现相同的甲骨字，则在这两条卜辞之间建一条连边；然后通过计算来度量未释甲骨字和已释甲骨字之间的关联；这种通过任意两条卜辞之间共现的甲骨字来构建卜辞语义网络的做法，与文献耦合的思想在本质上是一致的。

图 3.8 是利用文献耦合构建的卜辞语义网络的示例。其中，节点为卜辞，边权重（耦合强度）为共现甲骨字的频数。

甲骨文不同于其他语言，每个字具有鲜明的意义，一般而言，卜辞中共现的甲骨字数量越多，其蕴含的主题意义越相似。因此，从共现视角来构建卜辞语义网络是一种可行的方法。

（3）卜辞主题事类视域下的关系表示

卜辞作为一种短文本，有一个或多个明确的主题含义。在卜辞记录的内

第 3 章 多视角学习及其在甲骨文研究中的应用

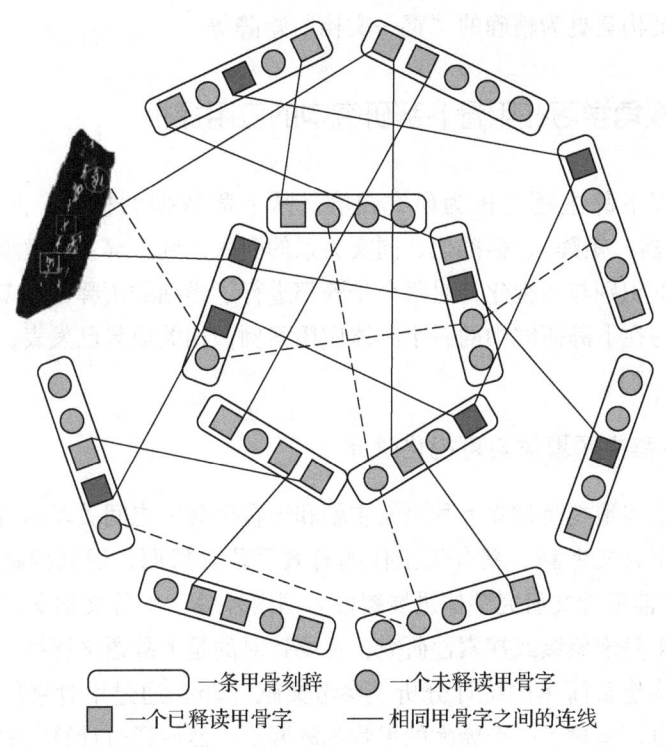

☐ 一条甲骨刻辞　● 一个未释读甲骨字
■ 一个已释读甲骨字　── 相同甲骨字之间的连线

图 3.8　基于甲骨字共现的卜辞语义网络[26]

容中，有"田猎卜辞""卜旬卜辞""祭祀卜辞"等，《甲骨文合集》更是从阶级关系、生产发展、科学文化和其他杂篆等方面，将甲骨卜辞内容分为四大类，二十二小类。利用这些分类信息，将属于同一事类的卜辞建立关联，进而可构建基于卜辞事类的语义网络。

与同文关系、甲骨字共现等卜辞语义关联构建的方法类似，卜辞主题事类关联也是基于复杂网络理论和原理展开的，从语义网络构建、模型分析与结果解读，到辅助甲骨文整体研究，是本书研究的主要内容和特色，这些理论和方法在自然语言处理、古文字信息处理等领域有诸多成功的应用，这也是该研究的可行之处。在第 3.3 节中，作者将详细阐释基于同文关系的卜辞主题识别与应用的案例。

多视角构建的卜辞向量表示和语义关联的思路及方法还包括：利用深度学习方法习得卜辞、甲骨字的低维表示，这种表示既充分考虑了卜辞上下文关系，又考虑了甲骨文的字形信息，理论上应具有较好的表示能力；通过卜辞文例特征构建更为精确的"词—文档"矩阵等。

3.3 多视角学习在甲骨卜辞研究中的应用探析

本节以卜辞主题分析为研究内容,从卜辞数据的搜集、向量化表示("词—文档"矩阵)、标准化、同文关系的引入,到卜辞主题模型的构建及卜辞主题的识别与可视化,对每个步骤都进行了详细的阐释,是多视角学习或机器学习在卜辞研究中的一个具体应用案例,相关成果已发表,可参见参考文献[141]。

3.3.1 卜辞主题聚类与可视化研究

卜辞文本聚类是建立卜辞语义主题和未释甲骨字之间关联的重要任务之一,也是甲骨文考释、缀合等工作的有效手段。然而,因其残缺性和有限性[142],目前甲骨文研究整体进展缓慢。国内外关于甲骨文语义网络的研究较少,大多是现象级或探索性研究,主要针对的是卜辞语义网络、甲骨字语义网络的构建及简单的统计分析。参考文献[26]通过甲骨字所处卜辞上的位置信息,构建了一个庞大的甲骨刻辞网络,然后通过计算方法来度量未释甲骨字和已释甲骨字之间的关联;参考文献[32]利用甲骨字之间的位置、距离信息,通过马尔可夫链模型计算甲骨字之间的相似性,指出甲骨字具有较强的模块聚集特性,能够反映甲骨文拓片的语义单元。参考文献[17]通过融合甲骨文、现代汉语语义知识库的内容,对甲骨卜辞进行可拓语言建模,并将其应用到残辞语义推导的任务中。

这些工作为甲骨文语义研究提供了一些可供借鉴的经验,然而也有其局限性,表现在以下几个方面。

①语义挖掘尚处于初级阶段,以往研究多聚焦于通过甲骨字共现(同一个甲骨字在两条卜辞中均出现)或字间距离构建其语义关系,忽略了卜辞主题分类、所处位置和其他有助于语义关联发现的重要方面,难以有效捕获甲骨字之间、卜辞与字间的多维度语义关联;

②计算机辅助甲骨文研究多处于推理阶段,甲骨文异体字(一字多形)、同体字(一形多字)等现象较为常见,给卜辞文本主题分析带来了极大困难。

同文卜辞的发现为进一步深入探索卜辞语义提供了重要途径[119]。利用卜辞同文信息或位置信息进行建模，将有助于提高卜辞文本聚类方法的性能。

本书提出了一种基于对称非负矩阵分解和卜辞同文正则化的短文本无监督聚类方法，通过构建卜辞语义网络并进行可视化分析，可保留数据之间的语义关系，在很大程度上解决了数据稀疏带来的结果不准确、不可靠等问题。该方法可以根据模块度或轮廓系数的变化来判断由卜辞聚类指示矩阵构建的相似性网络是否为最优的语义网络，也可以根据获得的最优语义网络来分析甲骨字与主题语义之间潜在的关联。主要贡献和创新如下。

①提出了一种基于对称非负矩阵分解的甲骨文本聚类方法（Oracle Bone Inscriptions Clustering Based on Symmetric Nonnegative Matrix Factorization，SNMFobi），通过对卜辞语义网络进行降维，实现了对卜辞进行主题聚类的目的；

②根据卜辞之间的同文关系构建卜辞相关性网络，使语义相近的卜辞在分解的低维子空间中更为接近；

③在卜辞－甲骨字矩阵的基础上计算卜辞间的语义相似性，并引入潜在的真实语义网络与该相似性网络之间的差异，在一定程度上容许了分解误差；

④在卜辞数据集上的试验结果和可视化分析显示提出的 SNMFobi 算法可以有效识别卜辞文本之间的语义关系。

(1) 卜辞语义网络的构建

本部分主要介绍了卜辞语义网络的构建过程，并且将其引入卜辞短文本聚类模型中。

①同文卜辞语义相似性。殷人占卜，通常会对同一事件反复贞问，然后将其结果刻写于同一版或数版龟甲上，这些卜辞可称为同文卜辞，因它们记录了相同主题的事情，如狩猎、祭祀、天气等。以往的甲骨文语义相似性计算没有考虑到同文卜辞的作用，通常利用字间距离、字共现来描述其相似性。在甲骨文著录中经常发现甲骨卜辞的字间顺序错乱、甲骨字表意不明等情况。因此，利用字间距离或甲骨字共现难以全面、准确地捕获其语义关联。本部分提出了利用同文卜辞进行甲骨文语义相似性计算的方法。

$$w_{ij} = \begin{cases} 1, & \delta(d_i, d_j) = \text{true} \\ 0, & \delta(d_i, d_j) = \text{false} \end{cases} \quad (3.20)$$

其中，w 代表 $n \times n$ 的相似性矩阵，其第 ij 个元素为 w_{ij}，代表卜辞 d_i 与 d_j

之间的语义相似性；$\delta(\cdot)$ 为判断函数，如果 d_i 与 d_j 为同文卜辞，其值为 true，w_{ij} 值为 1；反之，则为 0。

通过式（3.20）构建的相似性网络称为同文卜辞语义相似性网络，有别于先前通过甲骨字共现或字间距离构建的语义网络。这里的同文卜辞语义相似性网络 w 可视为卜辞邻接矩阵，用以构建图拉普拉斯矩阵 L。

②卜辞文本语义相似性。有别于上文描述的同文卜辞语义相似性定义，卜辞文本语义相似性是基于卜辞-甲骨字矩阵而计算。该矩阵可通过卜辞文本的切分词、去除停用词而获得。其中，行代表字典中的甲骨字，列代表卜辞。卜辞文本语义相似性定义为：

$$a_{ij} = \frac{\langle d_i, d_j \rangle}{\|d_i\| \times \|d_j\|} \quad (3.21)$$

其中，d_i、d_j 分别表示第 i、第 j 条卜辞；$\langle x, y \rangle$ 代表两个向量的内积；$\|\cdot\|$ 代表向量的模。通过式（3.21）获得的矩阵 A 称为卜辞文本语义相似性矩阵。

卜辞文本语义相似性衡量的是在甲骨字构建的向量空间中两条卜辞向量之间夹角的余弦值，比内积、Jaccard 等方法鲁棒性更强，不受或较少受卜辞向量中异常值的影响，更符合人们对向量空间模型的认知。

卜辞文本语义相似性矩阵 A 在一定程度上描述了卜辞之间的语义关联，可直接用于对称非负矩阵分解[143]的输入；然而，在本研究中，不直接采用该种做法，而是假定存在一个潜在的卜辞语义关联矩阵 S，该矩阵能够真实反映卜辞之间的潜在语义关系。用式（3.22）来描述这两个矩阵之间的关系：

$$\alpha \|S - A\|_F^2 \quad (3.22)$$

其中，$\|\cdot\|_F$ 代表矩阵的 Frobenius 范数，α 为正则化参数。用式（3.22）构建的潜在卜辞语义相似性矩阵 S 与用式（3.21）构建的相似性矩阵 A 相比，存在两个优势：

a. 在一定程度上容许了分解误差，使得模型的解释性更强；

b. 搭建了真实的语义关联矩阵 S 和通过计算获得的相似性矩阵 A 之间联系的桥梁，使其在某种程度上接近。

接下来，对提出的基于对称非负矩阵分解和卜辞同文正则化的 SNMFobi 进行详细阐述。

（2）基于矩阵分解的卜辞文本聚类模型

①对称非负矩阵分解。数据矩阵 $X \in \mathbf{R}^{n \times m}$，$n$ 为卜辞文本数，m 为特征数（出现的甲骨字个数），SNMF 首先构建 $n \times n$ 的卜辞文本语义相似性矩阵

A，然后通过其目标函数对 A 进行分解：

$$\min_{H \geq 0} \|A - HH^T\|_F^2 \text{。} \tag{3.23}$$

其中，$H \in \mathbf{R}^{n \times k}$ 为分解后的聚类指示矩阵，可对其执行简单的 K 均值聚类（Kmeans）以获得每条卜辞的主题分类。采用多乘更新算法[144-145]得到 H 的更新规则：

$$H_{ij} \leftarrow H_{ij} \frac{(AH)_{ij}}{(HH^TH)_{ij}} \text{。} \tag{3.24}$$

②基于对称非负矩阵分解和卜辞同文正则化的文本聚类方法。在前文中提到同文信息在卜辞文本聚类中的作用，本部分将同文卜辞语义相似性矩阵 W 与卜辞文本语义相似性矩阵 A 引入到式（3.23）中，形成新的目标函数，定义如下：

$$\min_{S, H \geq 0} \|S - HH^T\|_F^2 + \alpha \|S - A\|_F^2 + 2\lambda \text{tr}(H^T L H) \text{。} \tag{3.25}$$

其中，α、λ 为正则化参数，$L = D - W$ 为拉普拉斯矩阵，$D_{ij} = \sum_i w_{ij}$ 为度矩阵，$\text{tr}(\cdot)$ 为矩阵的迹，A 为式（3.21）描述的卜辞文本语义相似性矩阵，S 为潜在的卜辞语义相似性矩阵。

式（3.25）在一定程度上放松了对 S 的假定，不同于经典的对称非负矩阵分解方法（Symmetric Nonnegative Matrix Factorization，SNMF），须先通过相似性方法对 S 进行计算，然后执行分解。目标函数中，第二项容许通过余弦相似性计算得到的卜辞文本语义相似性矩阵 A 与潜在的相似性矩阵 S 之间存在差异，使得模型的解释性与普适性更强。

③优化准则。为最小化式（3.25），采用迭代更新方法，S、H 的更新规则如下：

$$S_{ij} \leftarrow S_{ij} \frac{(\alpha A + HH^T)_{ij}}{(S + \alpha S)_{ij}}, \tag{3.26}$$

$$H_{ij} \leftarrow H_{ij} \frac{(SH + \lambda WH)_{ij}}{(HH^TH + \lambda DH)_{ij}} \text{。} \tag{3.27}$$

可以看出，S、H 在迭代过程中始终保持非负性。

④卜辞主题数的确定。首先对卜辞相似性矩阵进行特征值分解；然后将特征值按递减顺序依次排列，并计算前后两个特征值之间的差值，找出具有最大间隔的特征值所在的索引，该索引即为潜在的聚类数。通过该方法，在 OBI-200 数据集上识别的卜辞主题数为 6。

(3)试验结果与分析

①度量标准。甲骨卜辞文本聚类是一种无监督聚类,采用模块度(Modularity,用 Q 表示)和轮廓系数(Silhouette Coefficient,用 S 表示)来判断不同算法的性能。模块度公式定义如下[146]:

$$Q = \sum_{i=1}^{k}\left[e_i/m - (a_i/2m)^2\right]。 \quad (3.28)$$

其中,e_i 表示模块 i 内的边权重之和,a_i 表示连接模块 i 和 j 的边权重之和,m 为网络中所有边的权重之和,k 为模块数。一般而言,Q 越大,其对节点分割的效果越好[147-148]。试验中,以 Q 作为模式选择的依据。

轮廓系数[149]公式定义如下:

$$S(i) = \begin{cases} 1 - \dfrac{a(i)}{b(i)} & \text{如果} \quad a(i) < b(i) \\ 0 & \text{如果} \quad a(i) = b(i) \\ \dfrac{b(i)}{a(i)} - 1 & \text{如果} \quad a(i) > b(i) \end{cases}。 \quad (3.29)$$

其中,$a(i)$ 代表卜辞 i 到与其所处相同模块内的所有卜辞之间的平均距离,$b(i)$ 代表卜辞 i 到相邻模块内所有卜辞之间的平均距离。相邻模块与卜辞 i 所在的模块具有最小平均距离,轮廓系数越大,表明聚类的效果越好。在下面的试验中,将用所有节点的平均轮廓系数来检验模型的性能。

②数据集。本部分将在 OBI-200 数据集上测试提出的方法的有效性。OBI-200 数据集是随机选自《甲骨拼合集》中的 200 条卜辞,其中包括 30 对同文卜辞,通过分词、去除停用词,最终获得 200×386 的卜辞-甲骨字矩阵,将该矩阵通过 TF-IDF(Term Frequency-Inverse Document Frequency)处理后进行试验[150-151]。表 3.2 给出了 OBI-200 数据集的部分信息。

③试验和结果。本部分进行了大量的试验来验证所提出的卜辞 SNMFobi 的有效性,比较的基准方法包括:非负矩阵分解(Nonnegative Matrix Factorization,NMF)[145,152]、谱聚类(Spectral Clustering,SC)[153]、图正则化的非负矩阵分解(Graph Regularized Nonnegative Matrix Factorization,GNMF)[154]等,结果如表 3.3 所示。

需要注意的是,NMF 与 GNMF 的输入是经 TF-IDF 标准化后的卜辞-甲骨字矩阵;SC 的输入是通过式(3.21)计算的卜辞语义相似性矩阵。对于 NMF、GNMF 和 SNMFobi,用 NNDSVD[155] 策略初始化其因子载荷矩阵。

表 3.2　OBI-200 数据集的部分信息

| H21078 |
| H21079 |
| H21727 |
| H33273 |
| B03992正乙 |
| H24974 |
| H14335 |
| B12457 |
| H33291 |
| H34120 |
| H14335 |
| H14395正 |
| H19814 |
| H36166 |
| Y02518 |
| H32099 |
| H26486 |
| H26486 |
| H35524 |
| H35524 |
| H23029 |

表 3.3　在 OBI-200 数据集上的试验结果比较

	Q	S
NMF	0.2328	0.4920
SC	0.3039	0.5794
GNMF	0.2876	0.5457
SNMFobi	0.3155	0.5932

对于 NMF 和 GNMF，在计算模块度时，对分解后的系数矩阵 H 求余弦相似性，然后计算其模块度和轮廓系数；对于 GNMF 与 SNMFobi，呈现的是最优参数组合对应的模块度和轮廓系数。如表 3.3 所示，提出的 SNMFobi 在两个指标上均优于其他方法，显示出了 SNMFobi 在甲骨卜辞文本分析中的有效性。

为进一步验证所提出模型的有效性，增加了消融实验，即令目标函数 [式 (3.25)] 第二项为 0，验证其在不同 λ 取值下的性能表现。试验结果显示：当 $\alpha = 0$ 时，最优模块度取值为 0.2515，相应的轮廓系数值为 0.5189；相较于表 3.3 中的结果，其性能远低于 SNMFobi（$\alpha \neq 0$），说明了用余弦相似性计算得出的卜辞语义相似性矩阵去近似潜在、真实的卜辞语义相似矩阵，是一种有效的建模方法。

④参数分析。通过改变 α、λ 的取值来分析模块度、轮廓系数的变化情况。$\alpha, \lambda \in \{2^{-3}, 2^{-2}, 2^{-1}, 2^0, 2^1, 2^2, 2^3\}$，计算不同参数组合下的模块度与轮廓系数取值，模块度随正则化参数 α、λ 的变化情况如图 3.9 所示。

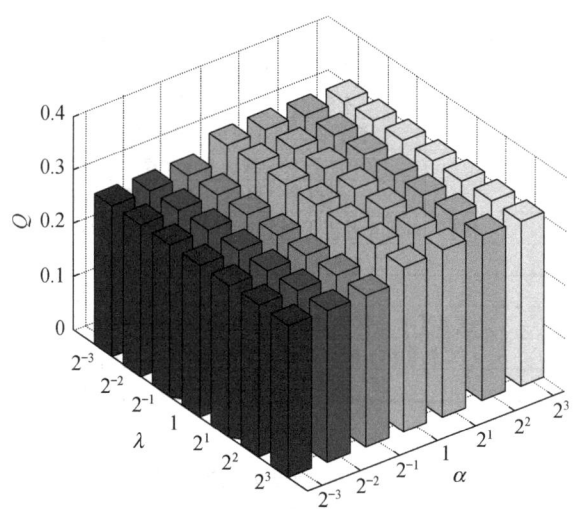

图 3.9 模块度随 α 和 λ 的变化情况

此外，也对 SNMFobi 的运行时间进行了统计，在所有 α、λ 参数进行组合的情况下，其消耗时间仅为 5.63 秒。原因在于以下几个方面。

a. 利用 NNDSVD 增强了其初始化阶段，使算法的收敛速度更快。

b. 所使用的数据集规模相对较小。在后续的研究工作中，会持续收集、整理卜辞文本数据，在更大规模的数据集上验证其性能。

如图 3.9 所示，模块度在 $\alpha = 2$、$\lambda = 2$ 时取得最大值 0.3121。对于 α、λ 的其他取值，SNMFobi 也有稳定的表现，对参数的组合变化情况敏感性不强；轮廓系数随参数 α、λ 的变化情况如图 3.10 所示。可以看出，当 $\alpha = 0.125$、$\lambda = 0.125$ 时轮廓系数取得最大值。

接下来，为进一步验证所提出的 SNMFobi 方法的有效性，对降维后的卜辞系数矩阵 H 进行可视化分析。

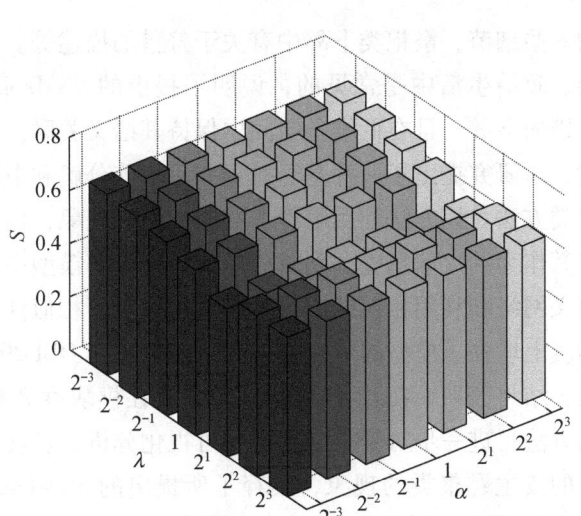

图 3.10　轮廓系数随 α 和 λ 的变化情况

⑤可视化分析。通过 t 分布的随机近邻嵌入（T-SNE）[2,4,156]对分解后的聚类系数矩阵 H 进行可视化分析，2D 可视化结果如图 3.11 所示。可以看出，卜辞呈按主题聚类的趋势。同时也注意到，位于中间位置的卜辞有交织的现象，出现这种情况的原因在于以下两个方面。

图 3.11　OBI-200 数据集的可视化结果

a. 非负矩阵分解方法是一种软聚类方法，可为每条卜辞赋予一个或多个主题。

b. 对于一些卜辞而言，其描述的主题可能有多个，如巡狩类卜辞中记述商王征伐的一些细节、祭祀类卜辞中有关于狩猎的描述等。这种现象在殷商时期的社会、政治生活中是常见的，说明了提出的 SNMFobi 方法能够区分不同主题类别的卜辞，且在低维子空间中保持其语义关联。

综上所述，本研究提出了一种基于对称非负矩阵分解和卜辞同文正则化的甲骨文本聚类方法。该方法利用甲骨卜辞中的同文现象，构建了卜辞相似性网络，并将其作为约束信息整合到对称非负矩阵分解模型中。此外，引入潜在的卜辞语义网络和利用相似性方法计算获得的卜辞相似性网络之间的差异，在一定程度上增强了模型的可解释性和普适性。在 OBI-200 数据集上执行了大量试验，结果表明，提出的 SNMFobi 方法在模块度和轮廓系数指标上优于已有的方法；进一步对聚类结果进行可视化分析，发现与主题相关的卜辞呈现明显的按主题聚类的现象，阐释了所提出的 SNMFobi 方法在甲骨卜辞文本分析上是可行且有效的。

上述研究分别从卜辞同文、卜辞文本视角计算了卜辞相似性网络，然后，通过构建基于矩阵分解的学习模型，整合了卜辞同文和卜辞文本两个方面的信息，提升了模型的性能。在后续的研究中，也可尝试将基于卜辞主题事类的语义相关性与其他多源信息加入到卜辞研究中，这里囿于篇幅，不再赘述。

3.3.2 残辞拟补及辅助甲骨文考释

利用多视角学习方法构建卜辞的向量表示和语义关联，一方面能够对卜辞的主题进行识别；另一方面也有助于对卜辞中残缺的甲骨字进行推测，即残辞拟补。同时，对于具有相同主题类的卜辞，可借以推断未知甲骨字的含义，从而辅助甲骨文考释研究。

多视角学习理论和方法用于甲骨残辞拟补与甲骨文考释研究的阐释性例子如图 3.12 所示。

如图 3.12 所示，以多模态甲骨数据（图像、文本等不同数据组织形式）为研究对象，利用多视角学习理论和方法，构建多维度多层次的甲骨文语义网络，如通过甲骨文构件、字形等信息构建的甲骨字网络，通过同文关系、共现耦合等构建的卜辞网络等，然后利用融合模型进行语义关系的整合，从而获得综合多种信息的甲骨字统一语义网络，再通过深度学习方法，如图卷积操作[157-160]，计算甲骨字的语义表示并进行可视化，最后可得出字间的语义邻近关系，从而判断甲骨字的语义，辅助甲骨文考释。

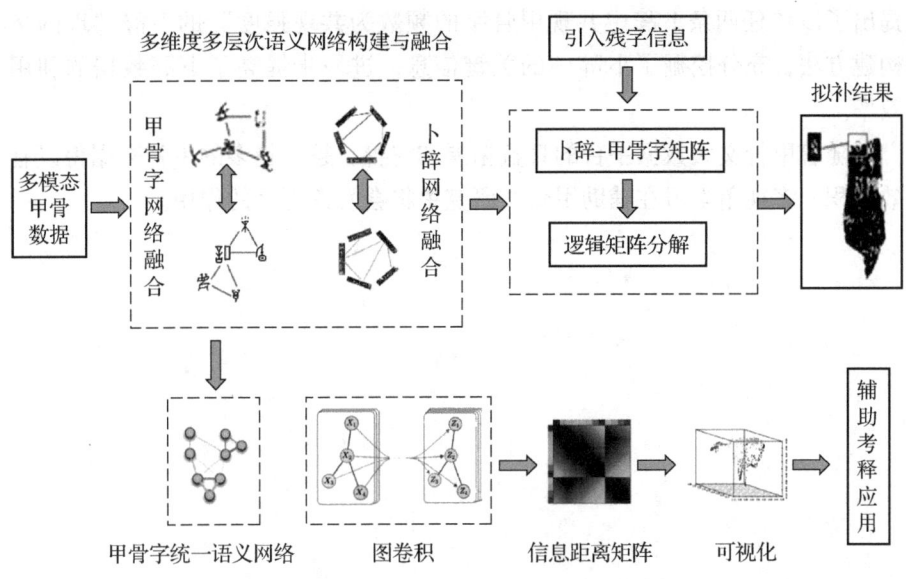

图 3.12 多视角学习辅助残辞拟补与甲骨文考释

另外,通过引入甲骨残字信息,结合生成的甲骨文"词—文档"矩阵,可采用二部图链路预测方法[161-162],如逻辑矩阵分解[163-165],获得甲骨字与卜辞之间的向量表示,进而计算它们之间的语义距离,最终实现辅助残辞拟补的目的。

多视角学习是针对多模态数据(多源异构数据)而涌现出来的一种新的理论和技术,在文本挖掘、图像处理等诸多领域都有成功的应用,相信随着甲骨文数据规模和种类的日益增多,多视角学习在挖掘甲骨数据中蕴含的结构化知识方面能够发挥更加重要的作用。

3.4 本章小结

本章较为系统地介绍了多视角学习的若干经典算法,如协同训练、多核学习、子空间学习等;并根据其理论,研究了甲骨卜辞的多视角表示问题,包括多视角卜辞数据的搜集、预处理(切分、去除停用词)、构建"词—文档"矩阵、标准化处理等;同时,根据卜辞中常见的"同文卜辞"现象,提出了以同文卜辞为视角构建卜辞语义关联网络的设想,并在后续的试验中验证了所提出方法的有效性;此外,采用信息计量学科中文献耦合的思想,提出了以"任两条卜辞中共现甲骨字的频数为共现强度"的卜辞共现网络构建方法，充分挖掘了卜辞中的关键信息，进一步提高了卜辞数据的利用效率。

随着甲骨文大数据平台的日益拓展和完善，越来越多的甲骨数据得以有效累积，多视角学习在辅助甲骨文研究中将会发挥更大的作用。

第 4 章 甲骨文语义网络融合与应用

第 3 章从卜辞同文、甲骨字耦合等视角介绍了卜辞语义网络的构建，并通过具体的应用案例，阐释了同文卜辞在甲骨文主题分析中的效用。在第 2 章内容的基础上，本章拟从甲骨文语义网络融合、卜辞语义挖掘等方面，分析语义网络融合的原理及方法，并提出有效的应用场景。

本章内容组织如下：首先，介绍卜辞、甲骨字语义网络的构建准则与出发点；其次，介绍几种经典的语义网络融合方法，并根据甲骨文数据特性提出甲骨文语义网络融合模型；再次，分析甲骨文语义网络挖掘的相关内容，包括卜辞、甲骨字之间的语义关联、可视化等；最后，给出甲骨文语义网络融合与挖掘的若干应用案例。

4.1 甲骨文语义网络构建准则与出发点

现存甲骨文数据形式包括卜辞文本、甲骨文图像（拓片）等，多维度多层次构建甲骨文语义关联要求充分挖掘甲骨数据蕴含的潜在知识，从字形、构件（甲骨字部件）、字义、内容等方面进行深度剖析和阐释，为甲骨文语义研究提供切实可靠的证据。在前面章节中，作者从卜辞同文、甲骨字共现、卜辞文本视角构建了甲骨文语义网络，在 OBI-200 数据集上执行了大量试验，结果验证了同文卜辞在卜辞主题识别方面的有效性。本节以甲骨字为研究对象，拟从甲骨字的字形、构件等视角出发，阐释甲骨文语义网络的构建准则和方法。

4.1.1 基于字形轮廓的甲骨文语义网络

卜辞中异形字、同形字、残字、模糊字等现象普遍存在，仅从一个模态分析甲骨字之间的关联会因数据不全、干扰信息过多（甲骨上的纹理、裂纹等）造成结果不够准确。传统的基于图像（文本）的单模态甲骨字网络构建方法，首先是生成字向量表示，然后利用相似性函数获得甲骨字网络，这类方法只反映了甲骨字之间的部分真实相关信息。因此，利用多模态甲骨数据从字形、语义、语用、考释文献等多个层面构建甲骨字之间的关联网络，并对其进行整合分析，有助于理解、发现卜辞中字形结构、含义、用法相近的甲骨字。

甲骨文作为一种象形文字，其轮廓特征大体反映了该字具有的含义，利用高斯核函数[166-167]构建基于字形相似性的甲骨字网络：

$$w_{i,j} = \exp\left(-\frac{d(x_i,x_j)}{\mu \varepsilon_{i,j}}\right); \tag{4.1}$$

$$\varepsilon_{i,j} = \frac{\mathrm{mean}(d(x_i,N_i)) + \mathrm{mean}(d(x_i,N_j)) + d(x_i,x_j)}{3}。 \tag{4.2}$$

其中，μ 是超参数，可以凭经验设置；$d(a,b)$ 代表 a,b 之间的欧式距离；N_i 代表 x_i 的邻居；$\mathrm{mean}(*)$ 为取均值函数。需要注意的是，因甲骨字存在异体字、同体字现象，所以此种思路和方法只反映了甲骨字之间部分真实关联，需同时考虑其他视角的甲骨字网络构建方法。

基于字形轮廓而构建的甲骨字语义网络，从整体上反映了甲骨字之间的相似性；然而，甲骨字中异体字、同体字现象非常普遍，这给甲骨字的认读和识别带来了极大挑战。

4.1.2 基于构件的甲骨文语义网络

根据邓章应提出的分层造字机制[168]，在所有的文字系统中，字符的构成具有一定的层次性和理据性。在甲骨文文字系统中，大多数甲骨字为合体字。王宁[169]根据汉字构件的结构功能，将其划分为 4 类：表形、表义、示音和标示。然而，甲骨文的成字部件与汉字构件是有区别的，甲骨文构件中表形与表义的部分往往难以区分，且标示的功能几乎不存在[170]。假定甲骨文造字时参照了文字系统中已有的构件，吴琴霞等将参与的构件分为表义和表音两大类[170]，则理论上存在 3 种组合类型，即义义组合、义音组合及音音组合，而甲骨文字体中大多为义义组合[171]。

构件是甲骨字的基本组成单位，大多具有明确的意义。例如：▨（束）→▨（丝），像两束丝，表示丝线；▨（木）→▨（森），以 3 个木组合表示树多为森。以形状组成的合体字如▨（火）→▨（焱），以 3 个火组合表示大火；▨（爪）+▨（角）+▨（牛）→▨，手抓住了牛角的部位，表示解牛；▨（爪）+▨（皿）→▨，像手放入容器中洗涤，表示洗手。

甲骨文构件研究属于甲骨文字形系统的精微研究,从构件的角度研究甲骨文字形的内部特征及语义相关性[172]。李圃在《甲骨文文字学》中,从字素的角度出发,归纳出基本构件要素——字素(384个)[173];竺海燕在《甲骨構件與甲骨文構形系統研究》中[174],通过拆分甲骨文构件,将其归纳为673个构件;郑振峰在《甲骨文字构形系统研究》一书中,将甲骨文构件归纳为612个,并将其分为表形构件(356个)、表义构件(125个)、标示构件(18个)、示音构件(113个)[175];陈婷珠在撰写的《殷商甲骨文字形系统再研究》中,对甲骨文基础构件(也就是独体构件或者不可拆分构件)进行统计,大致为1685个[172]。

已有研究成果对构件的划分并不统一,原因在于:①研究材料受限。由于新材料的不断挖掘和各研究机构馆藏甲骨数量的不一致,或其他主客观原因,使得甲骨文构件研究的材料范围受到限制,进而使得甲骨文构件的拆分与数量统计等基本问题没有得到解决。②研究的深度。以往研究大多关注构件系统的整体状况,忽略了构件之间的分化与整合、构件功能之间的转变等深层次问题[172]。

以"殷契文渊"平台所收录的甲骨字形构件为例,部分甲骨字形构件(部首)如图4.1所示。

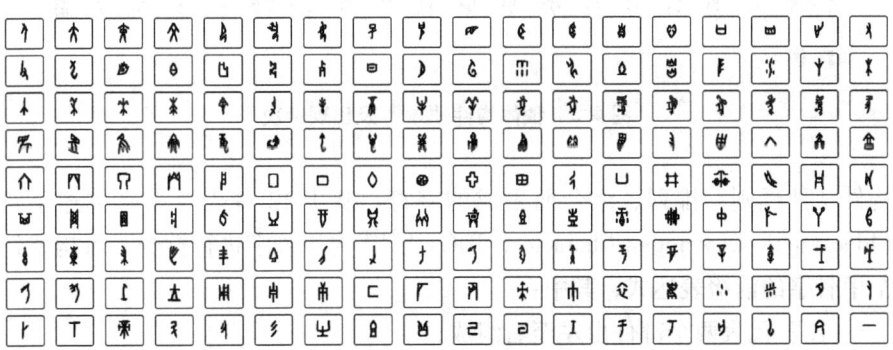

图4.1　甲骨字形构件(部分)(源自"殷契文渊"平台)

陈婷珠对甲骨文基础构件进行拆分,共得到1685个独体构件。这些独体构件是甲骨文构件系统的基本要素。按照独体构件不同的频率统计,可归纳出其分布情况。图4.2至图4.4给出了若干示例。

我们在对甲骨文构件整体研究的同时,还应对各种构件的性质、功能及各种构件之间的交互进行深入研究。在甲骨文字体系中,甲骨字大多为通过

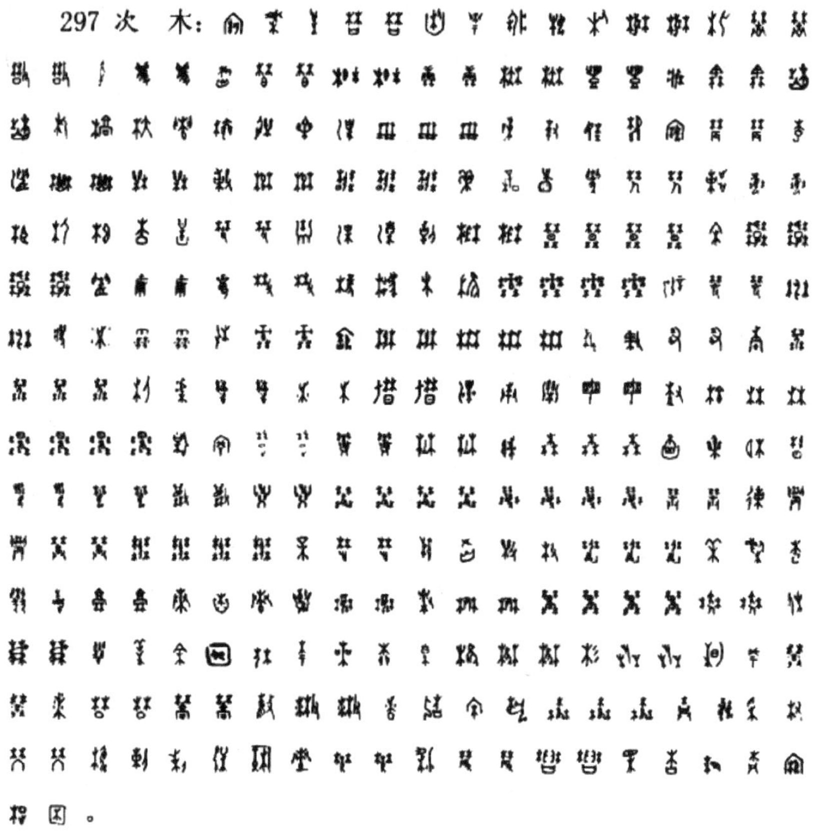

297 次 木：[甲骨文字符序列，共约二十余行]

图4.2 独体构件"木"及出现频次

构件某种规则，排列、组合而生成的字符。基于12种表意文字描述字符（Ideographic Description Character，IDC）[176-179]对甲骨字进行拆分，可构建每个甲骨字的前缀表达式，其中：

"⿰"代表两个部件由左至右组成；

"⿱"代表两个部件由上至下组成；

"⿲"代表三个部件由左至右组成；

"⿳"代表三个部件由上至下组成；

"⿴"代表两个部件由外至内组成；

"⿵"代表三面包围，下方开口；

"⿶"代表三面包围，上方开口；

"⿷"代表三面包围，右方开口；

"▭"代表两面包围,两部件由左上至右下组成;
"▭"代表两面包围,两部件由右上至左下组成;
"▭"代表两面包围,两部件由左下至右上组成;
"▭"代表两部件重叠。

210 次 水:

图 4.3 独体构件"水"及出现频次

基于 IDC,对甲骨字进行拆分,构造前缀表达式,表 4.1 显示了甲骨字拆分的阐释性例子。

表 4.1 甲骨字拆分示例

甲骨字	前缀表达式	甲骨字	前缀表达式

基于构件拆分和生成的前缀表达式,可进一步构建甲骨字语义网络。如两个甲骨字包含相同的构件(部首),就在这两个字之间搭建一条连边,通

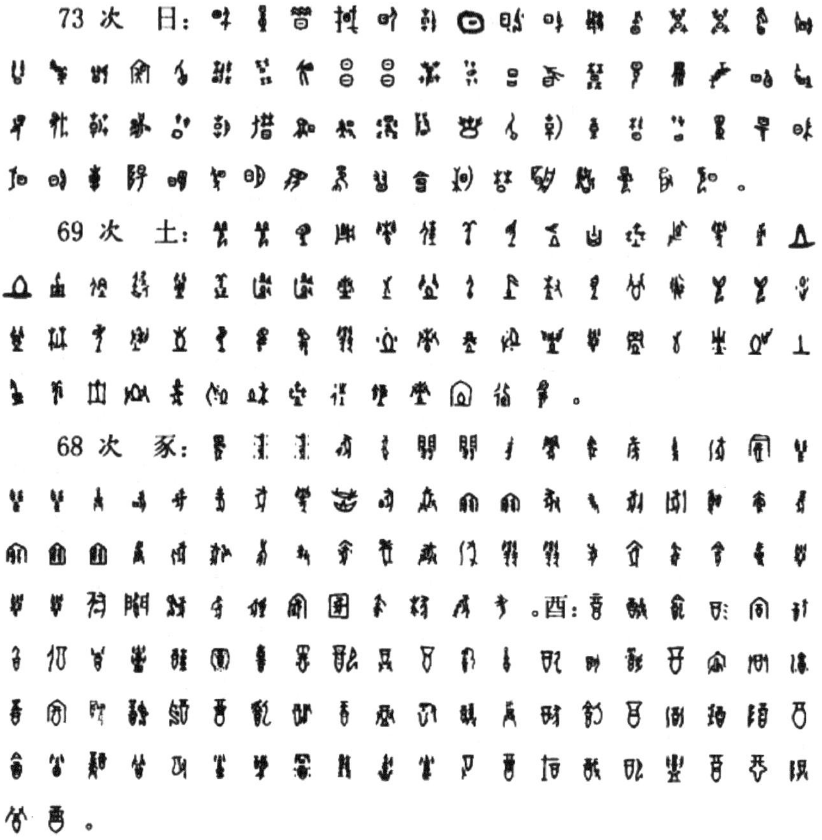

73 次　日：[甲骨文字符序列]。

69 次　土：[甲骨文字符序列]。

68 次　豕：[甲骨文字符序列]。酉：[甲骨文字符序列]。

图 4.4　独体构件"日""土""豕"及出现频次

过对所有甲骨字进行拆分，可构建一个庞大的甲骨字构件潜语义网络。图 4.5 展示了一个包含 7 个甲骨字的构件潜语义网络。

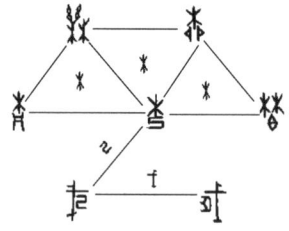

图 4.5　甲骨字构件潜语义网络

需注意的是，从构件视角构建的甲骨文语义网络既可以是无权的，也可以是赋权的。对于有权重的语义网络，其权值为两个甲骨字之间共有的构件数目，也可以基于表 4.1 所示的前缀表达式计算其权重。

对《新甲骨文编》所收录的甲骨字进行偏旁构件拆分，构造前缀表达式，部分结果如表 4.2 所示。

表 4.2 《新甲骨文编》字形拆分示例（部分）

甲骨字	IDS	《新甲骨文编》页码
		297
		297
		298
		298
		298
		299
		300
		300
		300
		300
		301
		301
		301
		302
		302
		302
		302
		302
		303
		303
		303
		303
		304
		304
		304

续表

甲骨字	IDS	《新甲骨文编》页码
		305
		305
		305
		305
		305
		306
		306
		307
		307
		308
		308
		308
		309
		309
		309
		309
		309
		311
		312
		312
		312
		312
		312
		312
		313
		313
		313
		313
		313
		313

续表

甲骨字	IDS	《新甲骨文编》页码
		313
		313
		314
		314
		314
		314
		315
		315
		316
		317
		319
		319
		319
		319
		319
		319
		319
		319
		319
		319
		320
		320
		321
		321
		322
		322
		322
		323
		324
		325

续表

甲骨字	IDS	《新甲骨文编》页码
		326
		326
		326
		326
		326
		326
		327
		327
		328
		328
		328
		328
		328
		328
		328
		328
		329
		330
		332
		332
		333
		333
		333

甲骨文构件分析涉及甲骨文著录材料、独体构件及组合、构件的层级和方位、表词功能等，难以用统一的标准进行量化，因此，在下面的分析中，我们尽可能地化繁为简，用后缀表达式进行甲骨字的表示，然后基于这种表示进行建模分析。

4.1.3　其他视角下的甲骨文语义网络

字形轮廓从整体上反映了甲骨字的外在特征，而构件更精微、深入地反映了甲骨字的组成及语义特征。对于多视角学习而言,数据模态越多,其反映的信息越全面,越容易得出科学客观的结论。因此,多层面多维度挖掘甲骨文的特征,并进行有效量化和表示,是计算机辅助甲骨文研究的重要路径。

(1) 基于语法、固定搭配的语义网络构建

甲骨文作为我国最早的成体系的文字系统,语法结构在卜辞文本中常有出现。关于卜辞中"彡⊙""彡)""A彡⊙)"的记载,我们认为这是甲骨文中的一种固定搭配,基于此可构建甲骨字的另一种潜语义网络(语法视角);类似的例子还有"丩≋ Ұ"等。图4.6从语法视角构建了甲骨字语义网络。

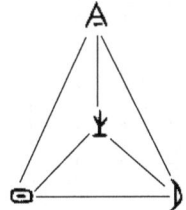

图 4.6 基于语法结构的甲骨字语义网络构件示例

图4.6为释文"今生日月"的固定搭配,在甲骨卜辞中时有出现。我们可根据这一信息构建基于固定搭配的甲骨字语义网络,通过将甲骨卜辞中具有的这种固定搭配进行整理,可构建一个庞大的语义网络。

(2) 基于统计相关性的甲骨字语义网络构建

由卜辞语料生成的甲骨文"词—文档"矩阵,行代表甲骨字,列代表卜辞,矩阵中的元素代表该甲骨字是否在相应的卜辞中出现,如为1,则代表出现,反之,则代表不出现,如表4.3所示。

基于该矩阵,我们可构建甲骨字语义网络。具体来说,通过相关性函数,计算矩阵行与行之间的相关性,如皮尔逊相关系数(Pearson Correlation Coefficient)[180-182]、斯皮尔曼相关系数(Spearman Correlation Coefficient)[183-185]、互信息(Mutual Information)[186-188]等。式(4.3)至式(4.6)给出了相关系数的计算公式。

$$r = \frac{\sum_{i=1}^{n}(x_i - \bar{x})(y_i - \bar{y})}{\sqrt{\sum_{i=1}^{n}(x_i - \bar{x})^2}\sqrt{\sum_{i=1}^{n}(y_i - \bar{y})^2}} \quad (4.3)$$

其中，$\bar{x}$ 代表词向量 x 的均值，n 为卜辞数目。

表 4.3　甲骨文“词—文档”矩阵示例

卜辞 / 甲骨字	1	2	3	4	5	6	7	8	9	10	11	12	13	14	15	16	17	18	19
[illegible]	1	1	1	1	0	0	0	0	0	0	0	0	0	0	0	0	0	0	0
[illegible]	1	1	0	0	0	0	0	0	0	0	0	0	0	0	0	0	0	0	0
[illegible]	1	1	1	1	0	0	0	0	0	0	0	0	0	0	0	0	0	0	1
[illegible]	1	1	1	1	0	0	0	0	1	0	0	0	0	0	0	0	0	0	0
[illegible]	1	1	1	1	1	1	1	1	1	1	1	1	1	0	1	1	1	1	1
[illegible]	1	1	1	1	1	1	1	1	0	0	0	1	0	0	1	1	0	0	1
[illegible]	1	1	1	1	0	0	0	0	0	0	0	0	0	0	0	0	0	0	1
[illegible]	1	0	0	0	0	1	1	0	0	1	0	0	0	1	0	0	0	0	0
[illegible]	1	1	1	1	1	1	1	1	1	1	1	1	1	1	1	1	1	0	1
[illegible]	0	1	0	0	0	0	0	0	0	0	0	1	0	0	0	0	0	0	0
[illegible]	0	0	1	0	0	0	0	0	0	0	0	0	0	0	0	0	1	1	0
[illegible]	0	0	0	1	0	0	0	0	0	0	0	0	0	1	0	0	0	0	0
[illegible]	0	0	0	0	1	0	0	0	0	0	0	0	0	0	0	0	0	0	0
[illegible]	0	0	0	0	1	1	0	0	0	0	0	0	0	0	0	0	0	0	1
[illegible]	0	0	0	0	1	1	0	1	0	0	0	0	0	0	0	0	0	0	0
[illegible]	0	0	0	0	1	1	0	0	0	0	1	0	0	0	0	0	0	0	1
[illegible]	0	0	0	0	1	1	0	1	0	0	0	0	0	0	0	0	0	0	0
[illegible]	0	0	0	0	1	1	0	0	0	0	0	0	0	0	0	0	0	0	0
[illegible]	0	0	0	0	1	1	0	1	0	0	0	0	1	0	0	0	0	0	3
[illegible]	0	0	0	0	1	1	0	0	0	0	0	0	0	0	0	0	0	0	0
[illegible]	0	0	0	0	1	1	0	0	0	0	0	0	1	0	0	0	0	0	2
[illegible]	0	0	0	0	2	0	0	0	0	1	0	0	0	1	0	0	0	0	0
[illegible]	0	0	0	0	1	0	0	1	0	0	0	0	0	0	0	0	0	0	0

$$r_s = 1 - \frac{6\sum_{i=1}^{n} d_i^2}{n(n^2-1)}。\tag{4.4}$$

式（4.4）中，首先计算两个词向量的等级，即根据词向量元素大小，将其按照由小到大的顺序排列，从而获得每个元素的相应等级。d_i 为 x_i 与 y_i 的等级之差。

$$I(x,y) = H(x) - H(x|y),\tag{4.5}$$

$$H(x) = -\sum p(x)\log p(x)。\tag{4.6}$$

其中，$H(x)$ 代表词向量 x 的信息熵，$I(x,y)$ 代表词向量 x、y 的互信息。相关系数的值越大，代表两个向量之间的统计相关性越强。

（3）其他构建思路与方法

“词—文档”矩阵从整体上反映了甲骨字在卜辞中的分布，在卜辞主题聚类、可视化等任务中有比较好的性能表现；然而，这种表示方式忽略了甲骨字在卜辞中的顺序，相当于一个词袋模型（Bag of Words，BOW），缺失了字与字之间的顺承、语义关系，因此，在其他任务中可能表现欠佳。

基于以上分析，考虑上下文关系的表示方法在卜辞数据分析中更具优势，如通过测量甲骨字与甲骨字之间的距离，计算其语义相似性；利用深度学习方法[189-195]学习甲骨字与卜辞的表示；采用词移距离[196]计算卜辞文本之间的相似性等。

4.2 甲骨文语义网络融合模型

前文分析了甲骨卜辞、甲骨字的语义网络构建方法，分别从卜辞同文、卜辞共现、文本、甲骨字形轮廓、构件、相关性等视角探讨了卜辞与卜辞、甲骨字与甲骨字之间的语义相关性，这些视角从不同侧面和维度反映了其语义关联。如何融合这些视角携带的兼容性与互补性信息，获得最优的字向量、卜辞向量表示是本章探讨的重点。

本部分内容组织如下：首先，介绍甲骨文语义网络融合的原则和注意事项；其次，介绍网络融合相关方法；最后，基于构建的甲骨文语义网络，提出有效的语义网络融合方法。

4.2.1 甲骨文语义网络融合原则

在多视角学习中，不同视角携带的信息或兼容、或互补，还会有排斥和冲突的现象出现。究其原因，在于以下几点。

①在测量时，混入了更多的噪声信息；

②不同视角造成的对客观真相表示的不一致；

③融合方法的不适当。

其中，②可理解为因主客观原因，不同视角融合后产生的结果比融合前具有更差的表现。因此，如何判断哪些视角携带了丰富的信息，哪些视角携带了噪声信息，是多视角学习面对的一个重要问题，也是事关融合模型性能优劣的一个重要方面。接下来，从互信息的角度来分析不同视角的兼容性和一致性问题。

互信息是衡量信息一致性的一个常用指标，在聚类、分类等任务中具有良好的表现。通过互信息判断视角一致性的计算步骤如下。

①通过相似网络融合（Similarity Network Fusion，SNF）的方法对多个视角的网络进行融合，然后对融合后的网络进行谱聚类，结果用 C_0 表示；

②对从每个视角获得的互作网络进行谱聚类，结果用 C_i 表示；

③计算 C_0 与 C_i 之间的标准互信息值 N_i，如果 N_i 明显小于其他互信息值，则应考虑其为噪声视角，在整合过程中应减小其权重或丢弃这个视角。

采用上述方法在一些数据集上进行了试验。例如，人类微生物组数据集（Human Microbiome Data，HMP）3 个视图分别为：系统发育普（Phylogenetic Profile），转录谱（Transporter Profile）与代谢谱（Metabolic Profile）。通过一致性和兼容性分析，发现第 3 个视角 $V3$ 与融合后的网络 V 的标准互信息值最低（78.66%），则判断其携带了更多的噪声信息，如图 4.7 所示。

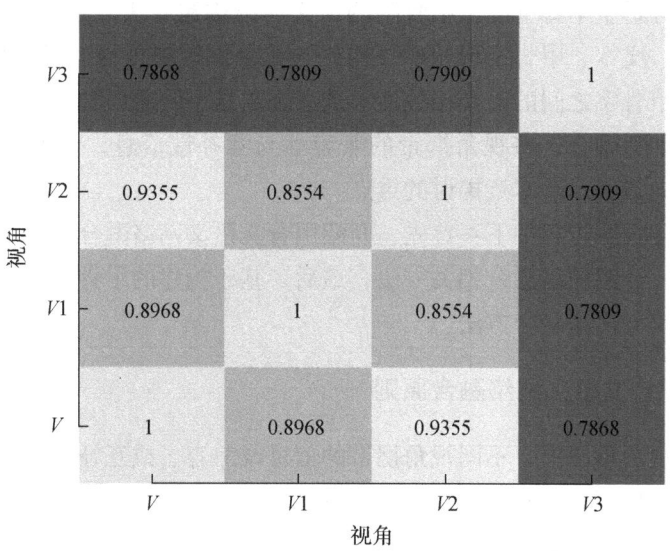

图 4.7 采用标准互信息值考虑多个视角的一致性问题

图 4.7 是在人类微生物组数据集上进行的一致性分析，考虑到甲骨卜辞的数据特性，我们也在卜辞数据集上进行了验证，结果如图 4.8 所示。

以 OBI-200 数据集为例，分别以卜辞文本和同文卜辞为视角构件卜辞语义网络，分别记为视角 $V1$、$V2$，通过谱方法获得两个视角的聚类 $C1$、$C2$；接下来，采用 SNF[166]方法获得融合聚类的结果 $C0$；最后，计算 $C0$ 与 $C1$、$C2$ 之间的标准互信息。图 4.8 显示了聚类之间的一致性与兼容性。

如图 4.8 所示，基于同文关系构建的卜辞语义网络与基于"词—文档"矩阵构建的卜辞语义网络之间互信息值较低（$V2$ 与 $V1$），同时，也与融合的语义网络（$V2$ 与 V）具有较低的互信息。原因可能在于同文卜辞在所有卜辞中占比较低，其携带的信息对卜辞聚类分析贡献较小。

进一步对 $V1$、$V2$ 及 V 所表示的语义网络进行可视化分析，结果如图 4.9 所示。

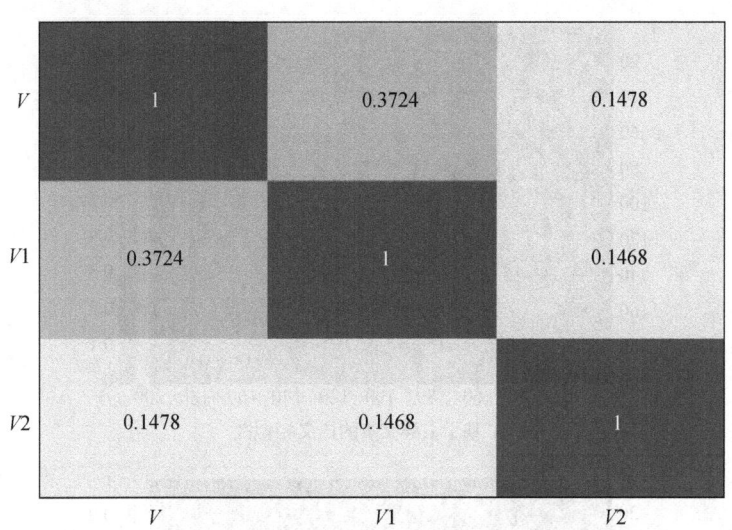

图4.8　甲骨卜辞视角一致性判断（OBI–200数据集）

如图4.9所示，相较于卜辞文本，基于同文卜辞构建的语义网络携带了较少的信息，其可视化结果没有呈现明显的聚类现象；而融合卜辞文本和同文卜辞信息后产生的语义网络，具有较为清晰的聚类结构。

综上所述，利用标准互信息判断不同视角之间的一致性和兼容性问题，是一种可行的方法，在卜辞数据集上显示了其有效性与合理性。这里，我们仅通过卜辞文本与同文卜辞两个视角来阐释一致性问题，其他诸如共现、事类分类、甲骨字构件、字形轮廓等视角的融合与一致性判断可采用类似的方法。

4.2.2　网络融合相关方法

在第4.2.1小节中，我们论述了不同视角携带信息的一致性问题，即通过标准互信息来判断其兼容性和一致性。接下来，我们将详细介绍若干文本融合的模型与方法，并探讨其用于卜辞文本分析的可行性。

通过查阅相关文献，大致将短文本分析方法分为：基于深度学习的方法、基于矩阵分解的方法及基于统计的方法三大类，具体如下。

（1）基于深度学习的方法

深度学习在文本挖掘中有广泛的应用，在处理多模态文本数据中具有良好的性能表现[197-203]。在文本分析任务中，首先获得文本在低维子空间中的

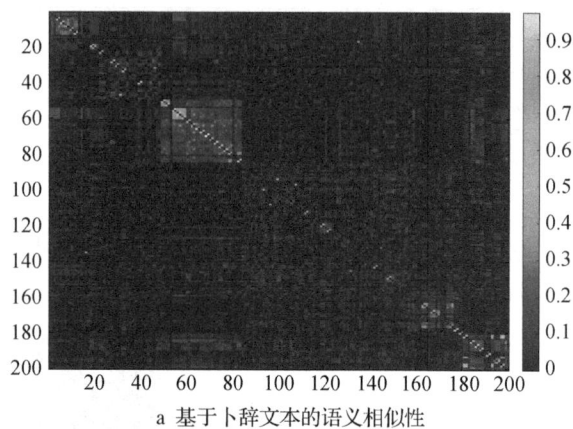
a 基于卜辞文本的语义相似性

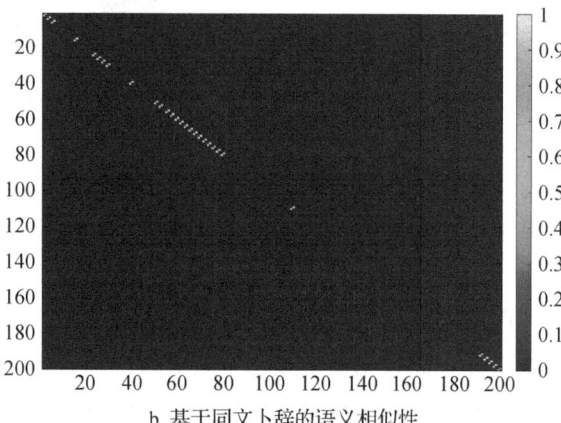
b 基于同文卜辞的语义相似性

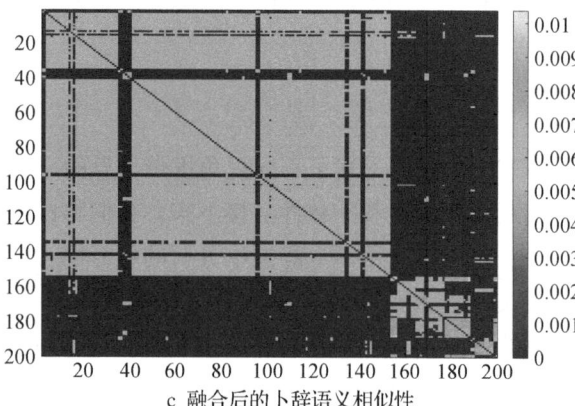
c 融合后的卜辞语义相似性

图 4.9　卜辞语义网络可视化

向量表示,然后基于这些低维表示执行各种下游任务。

深度学习中比较有代表性的短文本表示模型包括:Siamese 神经网络[204-205]、基于预训练的神经网络(如 BERT[195])、FastText[206]、TextCNN[207]等。

①Siamese 神经网络

Siamese 神经网络也被称为孪生神经网络,神经网络的"孪生"是通过共享权值来实现的。图 4.10 给出了孪生神经网络的架构。

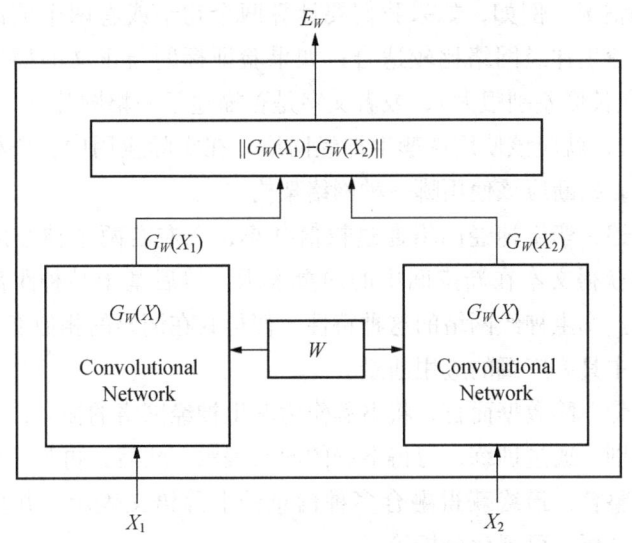

图 4.10 孪生神经网络架构[204]

如图 4.10 所示,X_1、X_2 代表两段文本,$G_W(X)$ 为神经网络模型,W 为模型的参数,即共享的权值,$E_W(*)$ 为距离函数,用于描述两个输入数据转换为向量后向量之间的距离,这里用 L1 距离(曼哈顿距离)。

孪生神经网络采用 Contrastive Loss 损失函数,定义如下:

$$Loss(W) = \sum_{i=1}^{p} L(W,(Y,X_1,X_2)_i), \quad (4.7)$$

$$L(W,(Y,X_1,X_2)_i) = (1-Y)L_G(E_W(X_1,X_2)_i) + YL_I(E_W(X_1,X_2)_i)。 \quad (4.8)$$

其中,Y 代表文本 X_1、X_2 是否属于同一类别,同一类别为 0,不同类别为 1;P 代表输入数据的数量;L_G 代表输入数据属于同一类别时的损失函数;L_I

代表输入数据不属于同一类别时的损失函数。

在优化时,希望相同类别的 E_W 取值越小越好,而不同类别的 E_W 取值越大越好。孪生神经网络通过左右两个神经网络,将两段短文本输入转化为向量,然后在新空间里通过相似性或距离函数计算这两个向量之间的距离。余弦函数(Cosine)、指数函数是两种常用的损失函数。

值得注意的是,孪生神经网络适用于处理两个输入"比较类似"的情况。伪孪生神经网络(Pseudo-siamese Network)适用于处理两个输入"有一定差别"的情况。例如,如果我们要计算两个句子或者两个词汇的语义相似度,使用孪生神经网络比较适合;如果验证标题与正文的描述是否一致(标题和正文长度差别很大),或者文字是否描述了一幅图片(一个是图片,一个是文字),就应该使用伪孪生神经网络。在实际应用中,要根据具体的任务和应用,判断应该使用哪一种网络架构。

综上所述,孪生神经网络通过权值共享,在左右两个神经网络(相同或不同)中获得文本在新空间中的向量表示,然后基于某种距离函数,判断其相似性。孪生神经网络的这种特性,使得其在词语的相似度分析、多模态数据分析中具有广阔的应用前景。

对于甲骨卜辞数据而言,将卜辞作为孪生神经网络的输入,其中同文卜辞为同一类别,通过训练,习得卜辞的向量表示;然后,再与其他视角的卜辞数据进行整合,最终获得融合多种信息的卜辞语义表示,并用于下游分析,如主题分析、可视化分析等。

②BERT 神经网络(Bidirectional Encoder Representation from Transformers,BERT)

BERT 神经网络(Bidirectional Encoder Representation from Transformers,BERT)框架属于预训练模型[195]。主要采用两阶段模式:第一阶段使用通用语料库训练一个语言模型;第二阶段利用获得的预训练的模型,进行相似度计算,即将两段文本输入预训练模型中,得到信息交互后的向量,并通过值映射获取短文本的相似度值。

图 4.11 显示了 BERT 网络模型的架构。

如图 4.11 所示,BERT 采用掩码语言模型(Masked Language Module,MLM)进行预训练任务,即随机遮住 15% 的字符(Token),用 MASK 来替换原始的字符,然后让模型依据上下文预测遮住的字符是什么(以概率的形式)。通过 MLM 进行预训练,使模型中的向量融合上下文信息,能够获

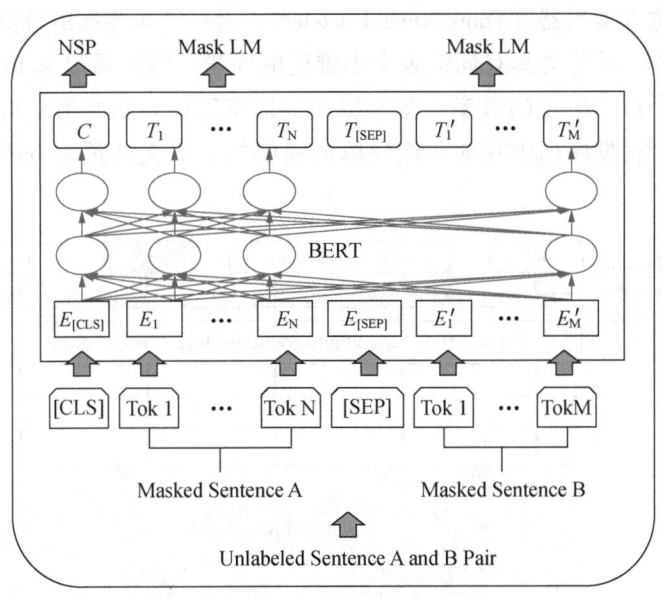

图 4.11　BERT 网络模型架构[195]

得更优的表示。此外，BERT 还可以用于其他下游任务，如对两句话关系的判断（判断两句话是否为上下句关系，或在问题解答任务中问题与答案是否匹配等）。

对于 NSP 策略，BERT 以成对的句子为输入，并学习预测第二个句子是否为第一个句子的后续句子。一般来说，在训练期间，训练集的 50% 是由一对句子组成，另外 50% 由语料库中随机选择的句子组成，并假设随机句子不相连。

在图 4.11 中，为帮助模型在训练过程中区分两个句子，将其按以下方式处理。

a. 在第一个句子的开始插入［CLS］标记，在其末尾插入［SEP］标记。

b. 将指示句子 A 或句子 B 的嵌入（Embedding）添加到每个标记中。嵌入在概念上类似于词汇表长度为 2 的标记嵌入（Token Embedding）。

c. 位置信息嵌入（Positional Embedding）被添加到每个标记，以指示其在序列中的位置。

图 4.12 显示了 BERT 掩码语言模型用于预测掩码词的示例。首先将词

嵌入向量输入编码器（Transformer Encoder），经一个全连接的分类层后，乘以嵌入矩阵，转化为具有词汇表大小维度的向量，然后通过 softmax 计算词汇表中每个单词出现的概率，概率越大，是掩码单词原始值的可能性也越大。该模型根据序列中其他非掩码单词提供的上下文来预测掩码单词的原始值。

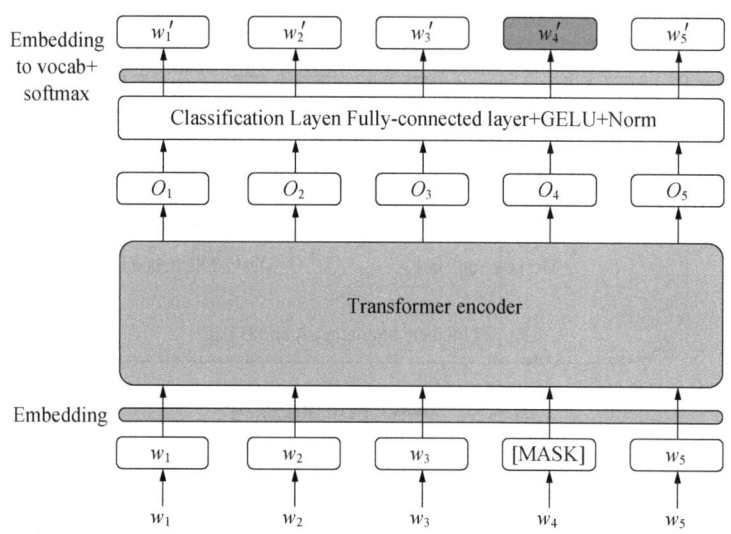

图 4.12　BERT 掩码语言模型

综上所述，基于 BERT 语言模型的特点和优势，BERT 神经网络用于甲骨卜辞分析的路径阐释如下。

a. 甲骨卜辞因挖掘、辗转收藏等原因，多有残断，造成卜辞不完整。据不完全统计，缺失或残断的卜辞占有很大比例，如何根据已有材料来预测残缺的甲骨字是甲骨文研究的一个重要内容。通过 BERT 的 MLM 策略，可将缺失甲骨字的卜辞视为经过 MASK 处理后的句子，然后，将卜辞的整个序列输入 BERT 模型中，最后通过 softmax 计算甲骨字表中每个字出现的概率，最大概率值对应的甲骨字，即是残缺的甲骨字。

b. 甲骨卜辞短小，每条卜辞代表一句话，通过 NSP 策略，可判断两条卜辞是否具有前后承接关系，具体做法如下。

首先，在 BERT 训练过程中，模型接收成对的卜辞作为输入，训练集 50% 的输入是一对卜辞（第二条卜辞是第一条卜辞的后续），而另外 50% 的

输入是从语料库中随机选择一条卜辞作为第二条卜辞,两条卜辞之间不存在邻接关系;

其次,在第一条卜辞前插入［CLS］标记,在其末尾插入［SEP］标记,用于区分不同的卜辞,根据［CLS］标记的嵌入来判断两条卜辞的关系;

再次,将整个序列输入 Transformer 模型,使用简单的分类层（权重和偏差的学习矩阵）将［CLS］标记的输出转换为 2×1 形状的向量;

最后,用 softmax 计算两条卜辞是相邻卜辞的概率。

c. 甲骨文命名实体识别（Named Entity Recognition, NER）。对于甲骨文中出现的各种类型的实体,如贞人、地名、日期等,BERT 可以将每个标记的表示向量输入预测 NER 标签的分类层,进而来训练 NER 模型,实现甲骨文中的实体识别。

综上所述,BERT 作为一种预训练语言模型,需要大量的语料进行学习;然后基于获得的模型,在不同的任务上进行模型的微调。值得注意的是,随着信息技术的发展,越来越多的甲骨文著录文献实现了电子化,利用深度神经网络开展甲骨文研究已经有若干先例[208-211],取得了一些重要的发现。然而,因为甲骨文作为一种手写字体,不同人书写风格各异,再加上甲骨文中同体字、异体字常有出现,所以给甲骨文研究带来了极大的困难。如何结合自然语言处理领域强大的分析工具和方法,并引入甲骨文领域知识以有效开展甲骨文研究,是值得深入思考的一个问题。

③FastText

深度神经网络模型在很多任务上取得了良好的表现,然而,其模型参数众多、运行时间长、硬件资源要求高,给许多任务的执行带来了挑战。如 BERT 在语料库训练阶段会耗费几十天,甚至数月的时间。在这种情况下,更为轻快、简约的模型也受到一定程度的关注,如 FastText。

FastText 是 Facebook 于 2016 年开源的一个词向量计算和文本分类工具,最大的特点是模型简单,只有一层的隐层及输出层,因此训练速度非常快,在普通的 CPU 上可以实现分钟级别的训练,比深度模型的训练速度要快几个数量级;而且在文本分类任务中能够取得和深度网络相媲美的精度。

如图 4.13 所示,FastText 只有 3 层:输入层、隐层、输出层。输入层输入的是多个单词的向量化表示及其 n-gram 特征,这些单词组成了单个文档;输出层输出的是文本的分类标记;隐层是对多个词向量的叠加平均。值得注意的是，FastText 在输入时将单词的字符级别的 n-gram 向量作为额外的特征；在输出时采用了分层 softmax，大大降低了模型的训练时间。

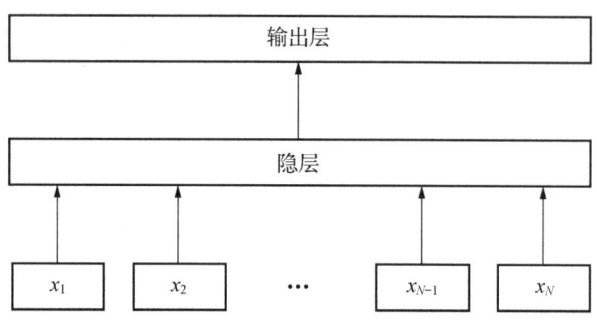

图 4.13　FastText 模型架构[206]

综上所述，结合在文本分类任务中的优势，FastText 在卜辞文本分析中可以实现以下目标。

a. 甲骨字同义词、近义词挖掘。FastText 在进行文本分类的同时，也附加产生了词的嵌入，利用这些生成的词向量表示，可以计算甲骨字与甲骨字之间的相似性，从而发现甲骨字的近义词或同义词。

b. 卜辞文本主题分类。对卜辞中的甲骨字进行向量化表示后，输入 FastText 模型中，隐层会生成每条卜辞的向量表示，然后经 softmax 计算，在输出层可获得这条卜辞的分类。因此，可用 FastText 对卜辞文本主题进行分类。

④图卷积网络（Graph Convolutional Network，GCN）

与前面所介绍的深度神经网络不同的是，GCN 是一种图神经网络[157-158,160]，其输入是节点的邻接网络（邻接矩阵）。

如图 4.14 所示，图 4.14a 是由 5 个顶点组成的邻接网络，如果两个顶点相似或具有可达路径，则在它们之间建一条边。图 4.14b 为邻接网络的矩阵表示，在该矩阵中，值为 1 的元素代表两个顶点具有某种邻近关系，0 代表没有关系。

GCN 以图作为输入，通过卷积层的处理，输出节点的低维特征表示。GCN 整体架构如图 4.15 所示。

输入层为节点邻接网络，中间为隐层，最后输出节点的低维向量表示。其中 C 代表原始数据特征的维度，F 代表输出特征的维度，Y 代表分类标

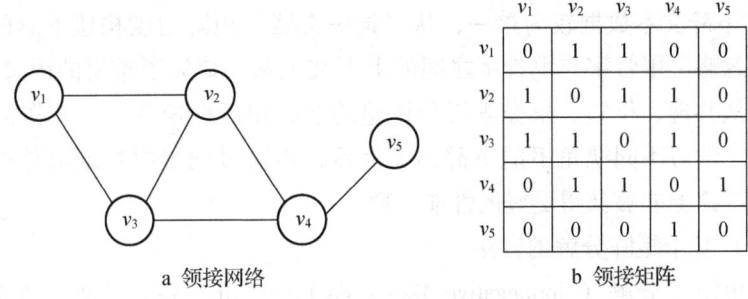

a 领接网络　　　　　　b 领接矩阵

图 4.14　邻接网络及相应的邻接矩阵[212]

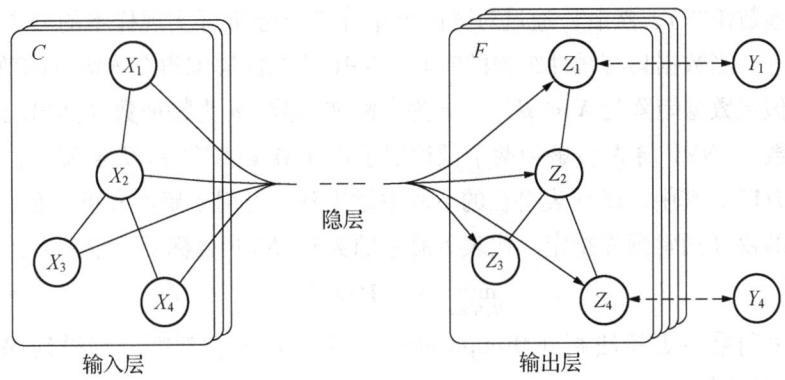

图 4.15　图卷积网络模型架构[157]

记。通过 GCN 获得的 $\mathbf{\Sigma}$（节点低维表示）可用于分类、可视化等下游任务。

给定特征矩阵 $\boldsymbol{X} \in \mathbf{R}^{n \times c}$，$\overline{\boldsymbol{A}} \in \mathbf{R}^{n \times n}$ 为标准化的节点相似性矩阵，$\boldsymbol{W}$ 为具有适合维度的权重矩阵，GCN 通过下面转换对原始数据进行降维。

$$Z = f(\boldsymbol{X}, \boldsymbol{A}) = \mathrm{softmax}(\overline{\boldsymbol{A}}\,\mathrm{ReLU}(\overline{\boldsymbol{A}}\boldsymbol{X}\boldsymbol{W}^{(0)})\boldsymbol{W}^{(1)})。 \tag{4.9}$$

综上所述，GCN 具有与其他神经网络不同的机制，以数据特征矩阵和邻接矩阵为输入，通过卷积操作，最后获得原始数据的低维向量表示。在甲骨卜辞数据分析中，GCN 具有天然得到优势，表现在以下几个方面。

a. GCN 具有注意力机制（Attention Mechanism），能够汇聚相邻节点的信息，而只需通过较少的隐层处理（通常 2~3 层即可），就能得到节点的良好表示。因此，在计算效率上优于其他神经网络模型。对于甲骨卜辞文本而言，我们可从不同视角和维度构建卜辞语义相似性网络，结合卜辞特征矩阵，通过 GCN 很容易获得卜辞的低维向量表示。

b. 卜辞文本数据较为单一，从"词—文档"矩阵角度构建卜辞的特征表示，忽略了甲骨字与甲骨字之间的上下文关系，缺失了重要的语义信息，而结合从共现、位置、事类等视角构建的卜辞相似性矩阵，一并作为 GCN 的输入，学习不同视角下的卜辞语义表示，再通过向量拼接或其他融合方法，在理论上能够获得更好的性能表现。

（2）基于矩阵分解的方法

非负矩阵分解（Nonnegative Matrix Factorization，NMF）是一种常用的数据降维和表示方法，在文本挖掘领域有着广泛的应用。基于部分构成整体的线性组合思想，NMF 将原始数据矩阵分解为两个低维的表示矩阵（基矩阵和系数矩阵），然后，通过对这两个矩阵进行分析可实现样本的分类、可视化等。当数据具有线性结构的时候，NMF 往往能够取得令人满意的效果。

假定数据矩阵为 $\boldsymbol{X} \in \mathbf{R}^{n \times m}$，$n$ 为卜辞文本数，m 为特征数（如出现的甲骨字数），NMF 将 $\boldsymbol{X}$ 分解为两个低秩因子矩阵 $\boldsymbol{W} \in \mathbf{R}^{k \times m}$ 和 $\boldsymbol{H} \in \mathbf{R}^{n \times k}$，使得 $\boldsymbol{X} \approx \boldsymbol{HW}$。其中，$\boldsymbol{H}$ 代表潜在的卜辞主题矩阵，可用于聚类和可视化，k 为分解的秩（通常预先指定，代表卜辞主题数）。NMF 目标函数定义为：

$$\min_{\boldsymbol{H},\boldsymbol{W} \geq 0} \|\boldsymbol{X} - \boldsymbol{HW}\|_F^2 \text{。} \tag{4.10}$$

采用乘法更新法则（Multiplicative Update Rule）[144-145] 分别得到 $\boldsymbol{W}$、$\boldsymbol{H}$ 的更新规则：

$$\boldsymbol{W}_{ij} \leftarrow \boldsymbol{W}_{ij} \frac{(\boldsymbol{H}^T \boldsymbol{X})_{ij}}{(\boldsymbol{H}^T \boldsymbol{H} \boldsymbol{W})_{ij}}, \tag{4.11}$$

$$\boldsymbol{H}_{ij} \leftarrow \boldsymbol{H}_{ij} \frac{(\boldsymbol{X} \boldsymbol{W}^T)_{ij}}{(\boldsymbol{H} \boldsymbol{W} \boldsymbol{W}^T)_{ij}} \text{。} \tag{4.12}$$

图 4.16 给出了 NMF 在文本分析中的阐释性例子。

如图 4.16 所示，$\boldsymbol{V}$ 为"词—文档"矩阵，$\boldsymbol{W}$ 为"词—主题"矩阵，$\boldsymbol{H}$

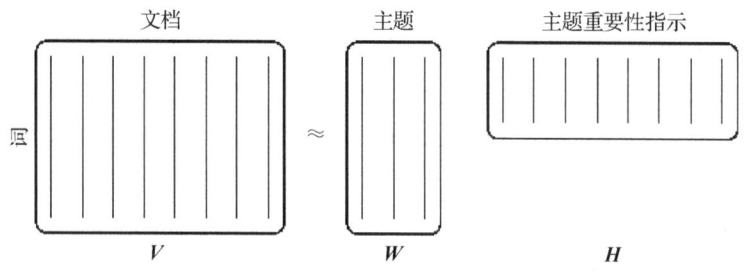

图 4.16 NMF 用于文本挖掘的阐释性例子

为"主题—文档"矩阵。在 NMF 中,可分别对生成的 W、V 矩阵进行聚类分析。在 W 中,主题相近的词往往在权重上具有一致的趋势,同时,在 H 中,相同主题的文档也具有在该主题上相似的权值系数。

我们在第 3.3 节中,利用非负矩阵分解对卜辞文本数据进行了分析,发现具有相似主题的卜辞呈明显的聚类趋势,说明了 NMF 在卜辞文本主题挖掘任务中的有效性。值得注意的是,第 3.3 节仅对卜辞文档低维表示矩阵进行了分析,由于 NMF 是一种双聚类方法,我们也可以对甲骨字低维表示矩阵 W 进行聚类分析,NMF 能够将指代主题相似的甲骨字聚在一起。利用聚类结果可以对甲骨字的语义进行深入的研究,有助于甲骨文考释。

(3)基于统计的方法

在短文本(如微博、卜辞等)分析任务中,统计学也是比较常用且有效的分析方法,如文本编辑距离(Edit Distance,ED)[213]、词移距离(Word Mover's Distance,WMD)[214-215] 等。

编辑距离是 1965 年由苏联数学家 Vladimir Levenshtein 提出的[213],是一种度量两个字符序列差异的标准。两个单词之间的编辑距离是将一个单词转换为另一个单词所需的单字符编辑(插入、删除或替换)的最小数量。一般来说,编辑距离越小,两个字符的相似度越大;反之,越小。

在信息论、语言学和计算机科学领域,编辑距离是用来度量两个序列相似程度的指标。通俗来讲,编辑距离指的是将一个序列转换为另一个序列所需要的最少单字符编辑操作次数。

对两段文本字符串 a、b 而言,用 $lev_{ab}(|a|,|b|)$ 表示它们之间的编辑距离,其中 $|a|$、$|b|$ 分别对应 a、b 的长度,$lev_{ab}(|a|,|b|)$ 可形式化定义为:

$$lev_{ab}(i,j) = \begin{cases} \max(i,j), & \min(i,j) = 0 \\ \min \begin{cases} lev_{ab}(i-1,j) + 1 \\ lev_{ab}(i,j-1) + 1 \\ lev_{ab}(i-1,j-1) + 1_{(a_i \neq b_j)} \end{cases}, & \text{其他。} \end{cases} \quad (4.13)$$

其中,$lev_{ab}(i,j)$ 指的是 a 中前 i 个字符与 b 中前 j 个字符之间的距离。字符串的第一个字符的索引从 1 开始,因此,最后的编辑距离为 $lev_{ab}(|a|,|b|)$,$i = |a|$,$j = |b|$。

当 $\min(i,j) = 0$ 时,对应着字符串 a 中前 i 个字符与 b 中前 j 个字符,

此时的 i、j 有一个值为 0，意味着字符串 a、b 中有一个为空。那么，从字符串 a 转换到字符串 b，只需要进行 $\max(i,j)$ 次字符编辑操作，所以，它们之间的编辑距离为 $\max(i,j)$。

当 $\min(i,j) \neq 0$ 时，$lev_{ab}(|a|,|b|)$ 为以下 3 种情况的最小值。

① $lev_{ab}(i-1,j)+1$ 表示删除 a_i；

② $lev_{ab}(i,j-1)+1$ 表示插入 b_j；

③ $lev_{ab}(i-1,j-1)+1_{(a_i \neq b_j)}$ 表示替换 b_j。

其中，$1_{(a_i \neq b_j)}$ 为指示函数，表示当 $a_i \neq b_j$ 时，取值为 1；反之，为 0。

为便于计算，以第 3.2 节中的两条同文卜辞为例，来阐释编辑距离在卜辞文本相似性度量中的应用。

卜辞 1：𧿒𠃊丫，𠄡，𠂈𠂤勺囗。𠃑𡆧𠂊。十𨟞彡屮

卜辞 2：𧿒𠄌丫，𠄡，𠂈𠂤勺囗。𠃑𡆧𠂊

将两条卜辞视为字符串 a、b，根据式（4.13）可以计算它们之间的编辑聚类为 4（不统计标点符号）。

另外一种重要的短文本相似性计算方法为词移距离。词移距离源于 Wasserstein 距离[216]或推土机距离（Earth Mover's Distance，EMD），是衡量两种概率分布相似性的一种度量方法。WMD 在词、文本相似性计算方面有着天然的优势，主要表现在以下几个方面。

①没有超参数，可以直接使用，实现简单。

②具有高度可解释性，因为两个文档之间的距离可以分解，并且可以解释为单个单词之间的距离之和。

③通过 word2vec，两个文档中的词都可以表示成向量。对于文档 A 中的每一个词，我们都可以在文档 B 中找到一个对应的词，使得 A 中的所有词"移动"到 B 中所有词（移动距离与它们之间 word2vec 向量的欧式距离相关）的移动距离之和最小，即 WMD。这个距离的定义与著名的交通运输问题"Earch Mover's Distance"是一致的。

下面介绍 WMD 在计算文本相似性任务中的应用。

假设有一个长度为 n 的词汇表，每一个词对应着一个训练好的 word2vec 嵌入向量，词向量的维度为 d，这样构成了一个词矩阵 $\boldsymbol{X} \in R^{d \times n}$。

首先，计算每个单词的 nBOW 权重，即 $d_i = \dfrac{c_i}{\sum_{j=1}^{n} c_j}$，其中 c_i 表示第 i 个

词在文档中出现的频次；

其次，计算词 i 与 j 的距离，$c(i,j) = \|x_i - x_j\|_2$；

最后，综合上面两个步骤，计算文档之间的距离。

用 d 和 d' 表示两个文档的 nBOW 向量，d 中的任意一词 i 转移到 d' 中的任意一词 j，转移成本为 $c(i,j)$。

定义转移矩阵 $T \in \mathbf{R}^{n \times n}$，其中 T_{ij} 表示词 i 有多少权重转移到词 j。为保证将 d 全部转移到 d'，必须满足 d 中流出词 i 的权重之和等于该词在 d 中的 nBOW 权重，即 $\sum_j T_{ij} = d_i$；同时，d' 中流入词 j 的权重之和等于该词在 d' 中的 nBOW 权重，即 $\sum_i T_{ij} = d'_i$。因此，只需要找到一个词匹配方式，使得累积权重和距离最小，则该距离便是 d 和 d' 之间的相似度。

可用下面的定义形式化描述上述过程。

$$\min_{T \geq 0} \sum_{i,j=1}^n T_{ij} c(i,j)$$

$$\text{s.t.} \sum_{j=1}^n T_{ij} = d_i \quad \forall i \in \{1,2,\cdots,n\}$$

$$\sum_{i=1}^n T_{ij} = d'_j \quad \forall j \in \{1,2,\cdots,n\}。 \tag{4.14}$$

通过对式（4.14）的迭代求解，最终获得两个文档之间的距离，即 $\sum_{i,j=1}^n T_{ij} c(i,j)$，相似度可通过距离转换而得到。

我们可用图 4.17 来阐释 WMD 的计算过程。

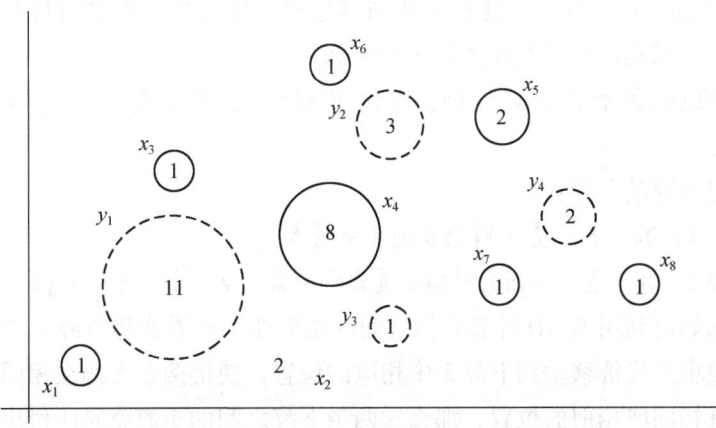

图 4.17　两个文档之间的词分布示意[217]

图4.17中，实线圈代表文档X(x_1, x_2, …, x_6)，虚线圈代表文档y(y_1, y_2, y_3, y_4)，其中x_i、y_j分别代表文档中的单词，圈中的数字代表词的权重。

我们的目的是移动尽可能少的词权重，使得两个文档具有相同的分布。图4.18给出了一个解决方案。

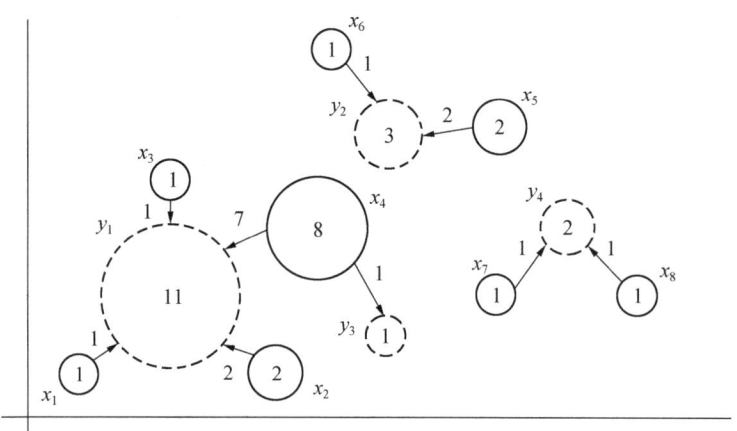

图4.18 文档间词移过程示意[217]

如图4.18所示，为保证移动最少的权重和距离，使文档X中的词x_1、x_2、x_3分别向y_1移动1、1、2单位权重；使x_4向y_1移动7单位权重，同时向y_1移动1单位权重；使x_5、x_6向y_2分别移动2、1单位权重；使x_7、x_8向y_4各移动1单位权重。通过上述词移过程，使两个文档之间具有最小的词移距离（移动的权重与词距离乘积之和）。

下面以两条甲骨卜辞为例，探讨WMD在计算卜辞文本相似性中的应用。

假定有两条卜辞：

卜辞1：𠂤卜，王，𠂤𠂤囗。𠂤𠂤

卜辞2：𠂤𠂤王卜，𠂤𠂤𠂤。王𠂤曰：𠂤。𠂤囗𠂤。𠂤𠂤甲曰𠂤。

考虑如何利用WMD计算它们之间的相似性。如果能将卜辞1中的甲骨字，以最小的代价移动到卜辞2中相应的位置，使得两条卜辞在相同的语义空间占有相同或相似的位置，那么这两条卜辞之间的距离就是所付出的词移代价的总和。

图4.19给出了WMD在卜辞文本相似性计算中的阐释性例子。

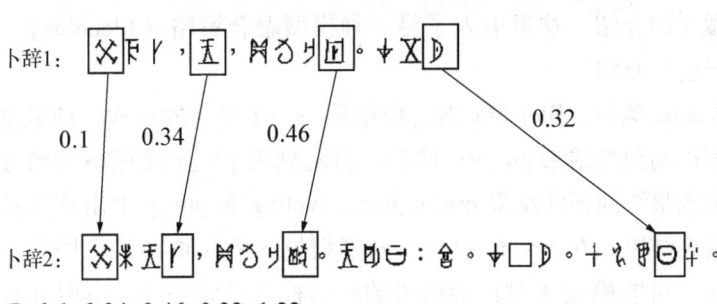

D=0.1+0.34+0.46+0.32=1.22

图4.19　WMD在卜辞文本相似性计算中的阐释性例子

如图4.19所示，卜辞1到卜辞2的距离（移动到卜辞2所付出的代价）为两条卜辞中相应甲骨字移动代价的总和。显然，词移动的越少，文档之间的相似性越大；反之，越小。

综上所述，卜辞短小，且蕴含的信息模糊，传统方法在其主题语义分析中往往难以奏效。利用文本编辑距离（Edit Distance，ED）、词移距离（Word Mover's Distance，WMD）计算卜辞语义相似性具有天然的优势。

①ED考虑了甲骨字在卜辞中的上下文信息，且易于对齐。因卜辞中存在较多通用的字，如卜、贞、天干、地支、王等，利用这个线索能够快速将包含类似字、词的卜辞对齐，从而计算其编辑距离。

②WMD将卜辞整体内容视为语义空间中的某种概率分布，从而计算由一条卜辞（分布）移动到另一条卜辞（分布）的最小代价，解决了传统方法中仅靠卜辞文本的数值表示或倚重于何种语义属性的问题，更加符合卜辞数据的特性，且在许多语义相似性计算任务中表现出了良好性能。本书拟结合这两种方法来揭示卜辞之间的语义关联。

4.2.3　甲骨文语义网络融合方法

（1）基于深度学习的语义网络融合方法

融合通常包含两种含义：一是多源数据的融合；二是模型的融合。前者指通过搜集多种来源的数据，并构建模型对这些数据进行整合分析，使最后的结果更为可靠和准确，也就是通常说的多视角学习或多模态学习；后者类似于集成学习（Ensemble Learning，EL），在分类任务中指的是整合多个模型的结果,通过投票策略(Voting)给出最终的分类结果。关于投票策略,本书不做详细介绍,这里引入了另一种模型融合策略(Blending),作为阐释性例子进行介绍。

与 Voting 类似,Blending 融合模型是一个多层级的结构,即数据 x 通过多个模型得到预测结果 pre_y;然后,再对列表 pre_y 按照不同的方式进行处理,得到最终的预测结果 pre_y_final。Voting 取 pre_y 中出现次数最多的结果为最终结果。在 Voting 中,不同模型投票的权重都是相同的。但在实际情况中,可能模型 A 对正确结果的影响权重更大一些,模型 B 权重小一些,但我们并不知道这个权重该设置成多少比较合适。因此,我们可以将 Blending 理解为一个学习不同模型投票权重的过程。

图 4.20 给出了深度融合模型用于预测的示例。

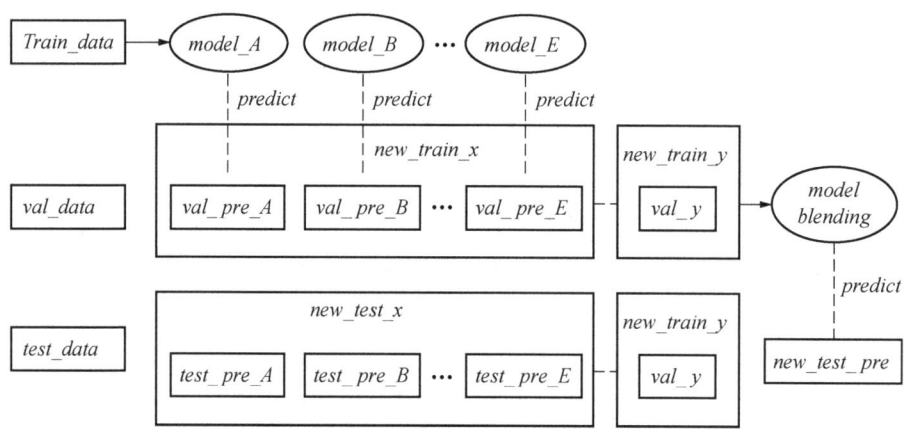

图 4.20 深度融合模型用于预测的示例[218]

如图 4.20 所示,通过 $A-E$ 5 个模型进行 Blending。首先将数据划分为训练集(Train Set)和验证集(Validation Set),用训练集训练这 5 个模型,得到训练好的 $model\_A$, $model\_B$, ⋯, $model\_E$;然后用这 5 个模型在验证集与测试集上进行预测,分别得到 val_pre_A, ⋯, val_pre_E 及 $test\_pre\_A$, ⋯, $test\_pre\_E$。

在第二阶段,将 val_pre 作为新的训练集 new_train_x,将验证集的真实标签 val_y 作为 new_train_x 的标记 y,获得第二阶段模型 $model\_blending$;然后,用 $model\_blending$ 来预测刚才生成的 $test\_pre$,从而得到模型融合后的最终结果 new_test_pre,用它和 $test\_data$ 的真实标签 $test\_y$ 比较,即可得出模型

融合后的准确率。

  Blending 模型融合策略较为简单，5 个模型融合的话，只需要训练 5 次，再加一个 *model_blending*。在基模型较大，参数过多，训练较慢的情况下，Blending 模型融合策略是一个很好的选择。

  上述 Blending 模型融合策略，旨在整合不同模型在同一数据集上的优势，获得比使用任一模型更优的性能，其最终性能取决于基础模型在该任务中的表现。因此，基础模型的选择是 Blending 成败的关键。

  下面我们将重点介绍多源数据背景下的深度融合模型，以多视角图卷积网络（Multi-view Graph Convolutional Network，MGCN）为例，阐释 MGCN 在网络融合中的应用。

  如第 4.2.2 小节所述，GCN 以节点之间的邻接矩阵（图）与特征矩阵为输入，经过卷积操作，输出节点的低维表示矩阵。在多视角图卷积网络中，邻接矩阵有 1 个或多个，节点特征矩阵有多个，MGCN 旨在融合多个特征矩阵与邻接矩阵，生成节点一致的低维表示矩阵。图 4.21 给出了一个融合邻接矩阵与节点内容信息的 MGCN 阐释性例子。

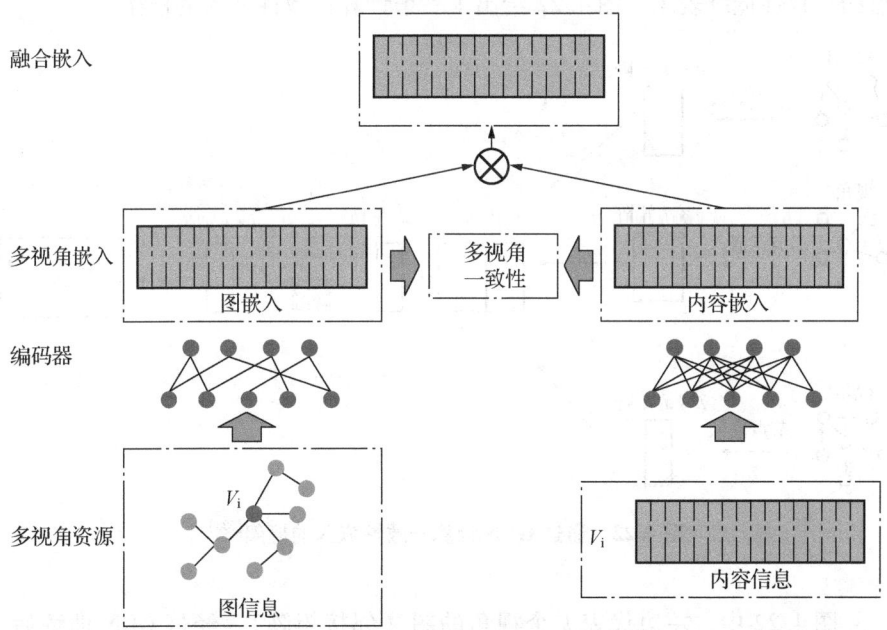

图 4.21 融合邻接矩阵与节点内容信息的 MGCN 阐释性例子[219]

如图 4.21 所示，最下层为节点之间的图连接信息（邻接矩阵）与内容信息（节点内容或侧信息），可以理解为两个视角；中间层为图卷积（邻接矩阵）和前馈神经网络（内容信息）编码层，分别对两个视角的信息进行学习，生成节点的低维嵌入表示；然后通过简单的线性加和，对两个低维表示矩阵进行融合，最终得到一致的多视角嵌入矩阵。

在第 3.3 节中，我们利用基于矩阵分解的机器学习方法对卜辞文本数据进行了分析，在这里，也可以利用图卷积网络对该数据进行主题分析。首先，将卜辞文本数据（词—文档矩阵）视为内容视角的信息，将同文卜辞（或其他视角构建的卜辞邻接矩阵）视为网络视角的信息，利用图 4.21 所示的 MGCN 模型进行训练，可获得卜辞一致的多视角低维表示矩阵，并用于下游的聚类、可视化等分析任务。

图 4.21 通过 GCN 和前馈神经网络习得两个视角的低维表示矩阵后，利用线性加操作生成一致的低维表示矩阵；此外，还可以通过向量拼接的方式，将从各 GCN 获得的低维表示矩阵进行级联（Concatenation）；然后再通过降维方法（如 SVD、NMF 等），对级联的融合矩阵进行降维，最后获得节点的一致性低维表示。图 4.22 给出了一个计算一致性嵌入的框架。

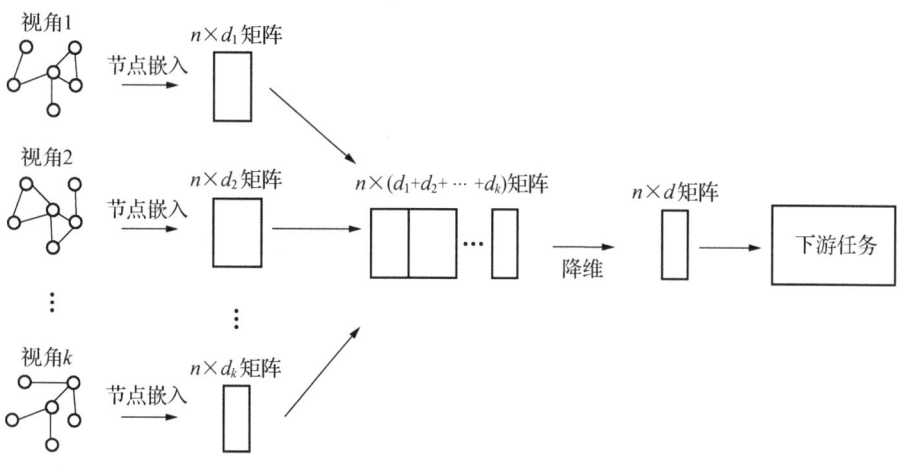

图 4.22 通过 GCN 计算一致性嵌入的框架[220]

图 4.22 中，左边代表 k 个视角的图（邻接矩阵），经过 GCN 训练后，得到 k 个低维的嵌入，然后，将这 k 个嵌入级联，生成节点的一致表示矩阵，再对该矩阵进行降维，最终获得节点的低维表示，并用于下游的分析

任务。

与图 4.21 不同的是，图 4.22 中每个图（邻接矩阵）都代表这个视角中节点的连接关系，共有 k 个视角，经过 GCN，生成 k 个低维表示矩阵。在第 4.1 节中，我们讨论了卜辞、甲骨字的多视角表示问题，根据从不同视角生成的邻接矩阵，可将代表卜辞耦合共现、事类分类、卜辞同文等视角的网络作为图 4.22 所示融合框架的输入，最终生成卜辞的多视角一致性表示。

上述两个模型是 MGCN 在无监督任务上的工作流程，事实上，MGCN 在半监督任务上也有优良的性能表现。图 4.23 给出了在监督和半监督学习任务中的 MGCN 框架。

在图 4.23a 中：步骤 1，将多视角的节点相似性网络（邻接矩阵）作为 MGCN 的输入；步骤 2，学习和整合不同特征的网络，生成最终的节点低维表示；步骤 3a，利用无监督的 MGCN 重构输入网络，具体来说，通过对步骤 2 获得的低维表示矩阵进行点积运算，获得相似性网络；步骤 4a，无监督的 MGCN 通过迭代训练，更新权重参数，以使重构的相似性网络与原始的输入网络具有较小的重构误差；步骤 3b，通过半监督的 MGCN，预测节点的分类标记；步骤 4b，通过半监督的 MGCN 训练，更新权重，使预测的标记和已有标记之间的分类误差最小。

在图 4.23b 中：步骤 1，在相似性网络中添加自循环，确保自身的信息被添加到网络中；步骤 2，为每个节点分配一个 "one-hot" 向量，用以标识该节点的特征信息；步骤 3，通过 GCN 迭代更新，获得节点的低维表示，同时编码了网络拓扑信息。

对于卜辞文本数据，通过图 4.23 所示模型的训练，能够获得卜辞文本的低维表示；同时，在具有一定的卜辞主题分类标记的情况下，能够进行半监督的学习，并获得保持网络拓扑属性和先验信息的卜辞低维表示矩阵，用于各种下游分析任务。

综上所述，基于深度学习的网络融合模型在许多任务中都有良好的表现，如图卷积网络、图注意力网络[222-223]等，在卜辞特征难以获取或利用现有的"词—文档"矩阵不足以刻画卜辞文本的内容信息时，利用图卷积网络是一个不错的选择。此外，卷积矩阵对图卷积网络的性能有一定的影响。在实际应用中，应根据不同的数据特性和任务，对比不同的卷积矩阵，选择性能好的卷积矩阵进行学习。

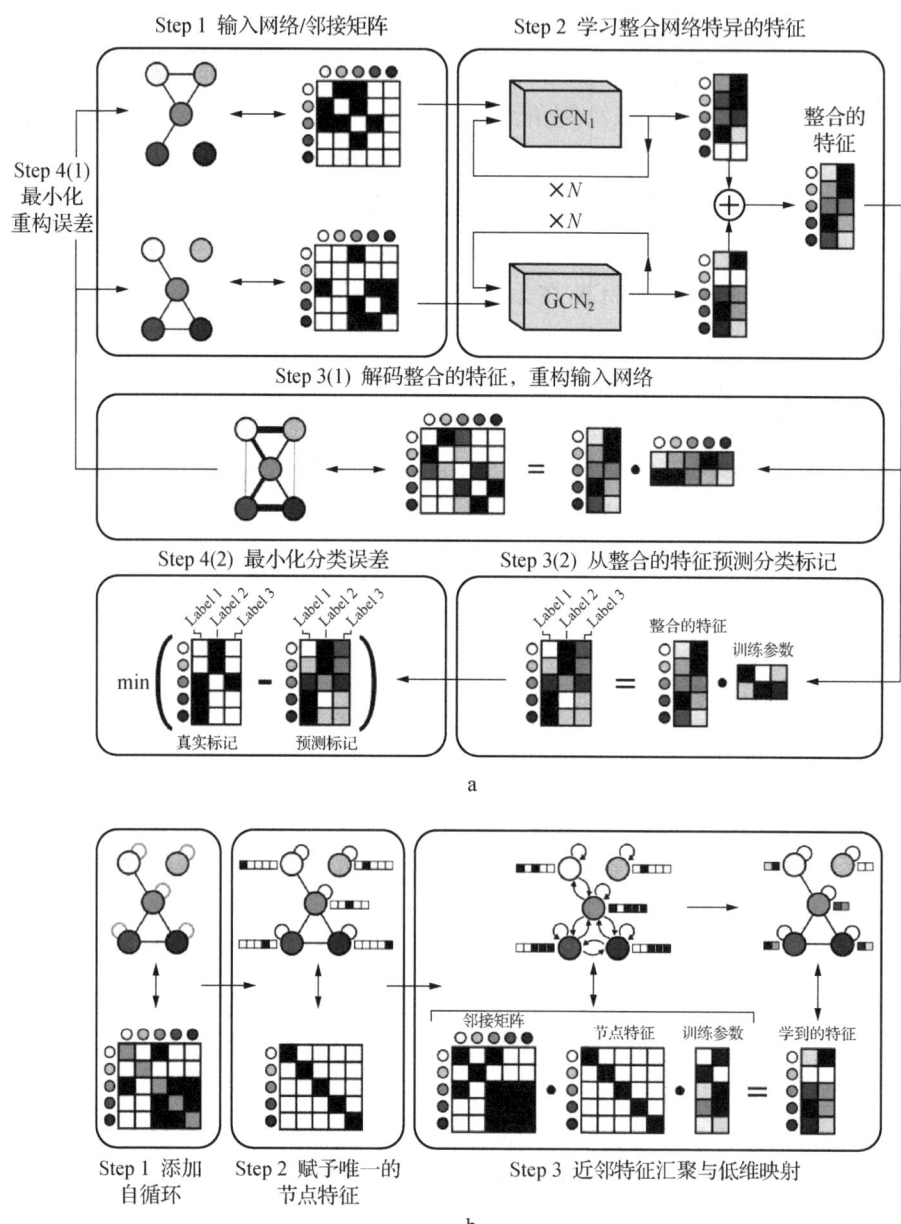

图 4.23 在监督和半监督学习任务中的 MGCN 框架[221]

（2）基于矩阵分解的语义网络融合方法

在第 3.1.3 小节中，我们对以矩阵分解为代表的子空间学习方法进行了介绍。其中,以多视角非负矩阵分解、多图融合为重点,介绍了矩阵分解在网络融合中的理论基础与模型建构方法。这里,不再对基于矩阵分解的网络融合方法做过多介绍,我们仅阐释该方法在卜辞数据分析中的可能应用场景。

①在多视角矩阵分解中,以"词—文档"矩阵作为卜辞的内容特征视角,同时,辅以其他视角的特征矩阵,采用多视角非负矩阵分解模型,对多视角卜辞数据进行训练,最后,可获得卜辞的低维语义表示矩阵,用于主题分析、可视化等任务。值得注意的是,可整合第2.2节与第3.1节提出的卜辞、甲骨字等多视角语义网络,将其作为多视角非负矩阵分解模型的先验信息,用于提升模型的性能。

②在基于多图融合的模型中,从卜辞同文关系、甲骨字耦合共现、事类分类等视角构建的卜辞语义网络,可用作模型的输入,最后获得与卜辞一致的低维语义表示,并用于卜辞主题识别、可视化等分析任务。

基于多图融合的方法与多视角 GCN 类似,都是用图来编码节点之间的连接信息,并通过迭代训练,最终获得节点的一致性低维表示。在信息不完备,抑或是难以采集到卜辞的特征信息时,这种方法具有更好的灵活性。

4.3 甲骨文语义网络挖掘与应用

本节以甲骨卜辞文本数据为基础,结合卜辞间的同文关系,构建一个基于 Hybrid 矩阵分解的多视角卜辞文本主题模型,用于聚类和可视化分析。

4.3.1 相关工作

甲骨卜辞记录了殷商时期先民在政治、社会生活、祭祀、战争、天气等方面的情况[224],也是整个甲骨学研究的重要任务之一。卜辞主题聚类分析在语义关系挖掘中发挥着重要作用,有助于发现甲骨字与卜辞语义主题之间的潜在关联。接下来,我们简要概述已有的部分卜辞语义研究工作及在不同场景下的应用。

通过梳理相关文献,发现国内外对卜辞文本主题及语义分析的工作较少,大多是探索性研究。参考文献[26]通过卜辞上甲骨字的位置信息,构建了一个卜辞网络,并借此度量了未释甲骨字和已释甲骨字之间的关联;参考文献[32]利用甲骨字之间的距离信息,构建了甲骨字语义网络,指出甲骨字呈现较强的模块聚集特性，能够反映甲骨文拓片的语义单元；参考文献［17］通过融合甲骨文、现代汉语语义知识库，对甲骨卜辞进行可拓语言建模，并将其应用到残辞语义的推导中。

这些工作在甲骨文语义研究中产生了一些有意义的发现，然而也有其局限性，表现在：①语义挖掘尚处于初级阶段，忽略了卜辞主题事类分类、位置等能够反映卜辞主题语义信息的重要方面，难以有效捕获卜辞之间的潜在语义关联；②甲骨文书写无定式，异体字（一字多形）、同体字（一形多字）等现象较为常见，给卜辞文本主题分析带来了极大困难。同文卜辞的发现为进一步探索卜辞语义关系提供了重要途径[119,225-226]。

基于以上考虑，本书聚焦于卜辞文本的主题聚类和可视化分析，探索卜辞同文关系及构建的语义关系在甲骨文主题分析中的作用，其主要贡献如下。

①提出了一种基于 Hybrid 矩阵分解（Hybrid Matrix Factorization，HMF）的卜辞文本主题聚类方法 HMFobi。

②整合卜辞之间的同文关系和文本语义相似性关系，构建了一致的卜辞语义相似性网络，并引入到 HMF 模型中，提升了模型的性能，消融实验进一步表明了该策略的有效性。

③在整理的 OBI-200 数据集上执行了大量实验，实验结果和可视化分析表明：提出的 HMFobi 算法能够有效识别不同主题的卜辞文本，阐释了其在甲骨文研究中的潜在价值。

图 4.24 给出了将 HMFobi 方法用于甲骨文主题分析的一个阐释性例子。

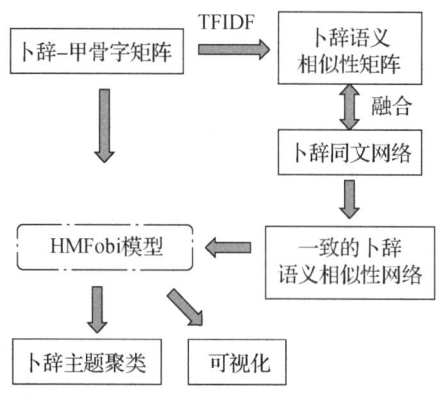

图 4.24　HMFobi 模型框架

4.3.2 卜辞语义网络构建

本小节主要介绍卜辞语义网络的构建方法。首先,给出同文卜辞语义相似性计算方法;其次描述根据卜辞-甲骨字矩阵构建卜辞文本语义相似性网络的方法。

(1) 同文卜辞语义相似性

同文卜辞指的是对同一事件的反复贞问,并将其结果刻写于同一版甲骨的正反面或数版甲骨之上的多条卜辞。同文卜辞反映了事件相同、位置邻近的数条卜辞之间的语义关系,如狩猎、天气、战争等。以往文献较少涉及对甲骨卜辞之间的语义相似性的研究。参考文献 [26,32] 分别利用字间距离、字共现来描述甲骨字之间、卜辞之间的相似性。然而,通过对甲骨文著录中所记载的卜辞进行研究,发现其字间顺序多有错乱,且大多卜辞残断造成其字间距离不明,这些情况给卜辞文本分析带来了极大挑战。

充分利用多源信息,设计准确、可靠的方法和工具刻画卜辞之间的语义关系成为当前甲骨文研究亟待解决的任务之一。在本小节,我们提出了利用同文卜辞进行甲骨文语义相似性计算的方法。

记 $n \times n$ 的卜辞相似性矩阵为 w,w_{ij} 代表第 ij 个元素值,表示卜辞 d_i 与 d_j 之间的语义相似性。假定 d_i 与 d_j 具有同文关系,构建两者之间的同文语义相似性:

$$w_{ij} = \begin{cases} 1, \delta(d_i, d_j) = \text{true} \\ 0, \delta(d_i, d_j) = \text{false} \end{cases} \quad (4.15)$$

其中,$\delta(\cdot)$ 为判断函数,如果 d_i 与 d_j 为同文卜辞,其值为 true,w_{ij} 为 1;反之,则为 0。

通过式 (4.15) 构建的网络 w 称为同文卜辞语义相似性网络,有别于先前通过甲骨字共现构建的语义网络,更能反映卜辞之间的主题语义关系。

(2) 卜辞文本语义相似性

卜辞文本语义相似性基于经预处理过的卜辞-甲骨字矩阵而计算,即通过对搜集到的卜辞语料进行切分、去除停用词,形成卜辞-甲骨字矩阵;对该矩阵进行 TF-IDF 标准化得到矩阵 X,用于模型的输入。

在矩阵 X 中,行代表字典中的甲骨字,列代表卜辞。相似地,用 d_i、d_j 分别表示第 i、第 j 条卜辞,利用余弦函数计算其相似性:

$$p_{ij} = \frac{\langle d_i, d_j \rangle}{\|d_i\| \times \|d_j\|}。 \tag{4.16}$$

其中，$\langle x,y \rangle$ 代表向量 x、y 的内积；$\|\cdot\|$ 代表向量的模。通过式（4.16）获得的矩阵 p 称为卜辞文本语义相似性矩阵。先前的研究表明[150]：通过余弦函数获得的文本相似性矩阵比利用高斯核、内积、Jaccard 等指标获得的文本相似性矩阵具有更强的表示能力。

为更有效地利用卜辞同文关系，应充分考虑位置因素（同文卜辞多位于同一版甲骨之上）在卜辞主题分析中的作用。将同文卜辞语义相似性网络 w [式（4.15）] 与卜辞文本语义相似性网络 p [式（4.16）] 进行融合，获得一致的卜辞语义相似性网络 A：

$$A = \frac{(w+p)}{2}。 \tag{4.17}$$

式（4.17）中的卜辞语义相似性矩阵 A 在一定程度上描述了卜辞间的语义关联；在先前的研究中通常将 A 直接用作 SNMF 的输入；然而，在本书中不直接采用此种做法，而是假定存在一个矩阵 S，该矩阵能够真实反映卜辞之间的潜在语义关联。

接下来，用式（4.18）来建模这两个矩阵之间的关系：

$$\beta \|S - A\|_F^2。 \tag{4.18}$$

其中，$\|\cdot\|_F$ 代表矩阵的 Frobenius 范数。用式（4.18）建模以显示 S 与 A 之间的差异，具有两个优势：①在一定程度上容许了分解误差，使得模型的解释性、普适性更强。第 4.3.4 小节中进行的消融实验进一步验证了此种策略的有效性。②降低了因相似性计算方法的选择对最终聚类结果的影响，提高了模型的鲁棒性。

接下来，我们将对提出的基于 Hybrid 矩阵分解的卜辞文本主题聚类方法 HMFobi 进行详细阐述。

4.3.3 基于 Hybrid 矩阵分解的卜辞文本主题聚类模型

本小节首先介绍了非负矩阵分解（Nonnegative Matrix Factorization，NMF）算法；然后结合第 4.3.2 小节中提出的卜辞语义相似性计算策略，给出了基于 Hybrid 矩阵分解的卜辞文本主题聚类模型。

（1）非负矩阵分解

给定数据矩阵 $X \in R^{n \times m}$，n 为卜辞文本数，m 为特征数（出现的甲骨字数),NMF 旨在找到两个低秩的因子矩阵 $W \in R^{k \times m}$ 和 $H \in R^{n \times k}$,使得 $X \approx HW$。其中 H 代表潜在的卜辞主题矩阵,可用于聚类和可视化,k 为分解的秩(通常预先指定,代表卜辞主题数)。NMF 目标函数定义为:

$$\min_{H,W \geq 0} \|X - HW\|_F^2。 \quad (4.19)$$

采用乘法更新法则(Multiplicative Update Rule)[144-145] 分别得到 W、H 的更新规则:

$$W_{ij} \leftarrow W_{ij} \frac{(H^T X)_{ij}}{(H^T HW)_{ij}}; \quad (4.20)$$

$$H_{ij} \leftarrow H_{ij} \frac{(XW^T)_{ij}}{(HWW^T)_{ij}}。 \quad (4.21)$$

作为 NMF 的一种变体,SNMF 以卜辞相似性矩阵 $S \in R^{n \times n}$ 为输入,输出一个低秩矩阵 H 与其转置 H^T,其目标函数定义如下:

$$\min_{H \geq 0} \|S - HH^T\|_F^2。 \quad (4.22)$$

其中,$H \in R_+^{n \times k}$ 为分解后的聚类指示矩阵,可对其执行简单的 K-means 以获得每条卜辞的主题分类。

(2)卜辞文本主题聚类模型

我们结合了 NMF 和 SNMF 在文本主题分析中的优势,尤其是 SNMF[143,227] 在图聚类中的强大能力,定义基于 Hybrid 矩阵分解(HNMF)的卜辞文本主题聚类(HMFobi)目标函数:

$$\min_{W,H,S,R \geq 0} \|XR - HW\|_F^2 + \alpha \|S - HH^T\|_F^2 + \beta \|S - A\|_F^2 \quad (4.23)$$

$$\text{s.t.} \sum_i R_{ii} = 1。$$

其中,α、β 为正则化参数;R 为对角矩阵,其作用在于对卜辞–甲骨字矩阵中的特征进行自适应缩放,使得每个甲骨字在描述卜辞主题中所起的作用不尽相同,这也与甲骨文中所载录甲骨字的重要性程度不同的事实相一致;A 为同文关系与文本语义关系的相似性矩阵;S 为潜在的卜辞相似性矩阵,H、W 分别为卜辞聚类指示矩阵和甲骨字表示矩阵。

(3)优化准则

为最小化式(4.23),采用乘法更新规则,其迭代公式如下:

$$W_{ij} \leftarrow W_{ij} \frac{(H^T XR)_{ij}}{(H^T HW)_{ij}}; \quad (4.24)$$

$$H_{ij} \leftarrow H_{ij} \frac{(XRW^T + 2\alpha SH)_{ij}}{(HWW^T + 2\alpha HH^T H)_{ij}}; \quad (4.25)$$

$$S_{ij} \leftarrow S_{ij} \frac{(\beta A^T + \alpha HH^T)_{ij}}{(\alpha+\beta)S_{ij}}; \qquad (4.26)$$

$$R_{ij} \leftarrow R_{ij} \frac{(X^T HW + \gamma ee^T)_{ij}}{(X^T XR + \gamma \mathrm{tr}(R))_{ij}} \circ \qquad (4.27)$$

其中，γ 为约束 $\gamma(\sum_i R_{ii}-1)^2$ 中的系数，反映了施加此种约束的强度，在实验中令 $\gamma=1$；e 为长度为 m 的 1 列向量，其元素值均为 1；可以看出，W、H、S、R 在迭代过程中始终保持非负性。表 4.4 给出了 HMFobi 的算法框架。

表 4.4 HMFobi 的算法框架

初始化：通过 NNDSVD 获得卜辞、甲骨字的低维表示矩阵 H、W；通过式（4.15）至式（4.17）获得一致的卜辞语义相似性网络 A，将 S 初始化为 A；令 $R_{ii}=1/m$；利用式（4.30）对参数 α、β 初始化
输入：输入 H、W、A、S、R、α、β 的初始值
迭代开始： 　　通过式（4.24），更新 W； 　　通过式（4.25），更新 H； 　　通过式（4.26），更新 S； 　　通过式（4.27），更新 R； 直到满足收敛条件，输出 H、W、S、R 的解

（4）卜辞主题数的确定

在执行主题聚类分析之前，需预先指定聚类的主题数。采用特征值方法估计卜辞主题数，具体而言：首先对获得的卜辞相似性矩阵 A 进行特征值分解；然后将相应的特征值按递减顺序依次排列，找出前后两个特征值差值最大的索引，即为潜在的聚类数。通过该方法，在 OBI-200 数据集上估计的卜辞主题数为 6。

4.3.4 实验结果与分析

（1）度量标准

卜辞文本无真实的主题标记，因此采用模块度（Modularity）和轮廓系数（Silhouette Coefficient，S）来判断不同算法的性能，模块度公式定义如下[146]：

$$Q = \sum_{i=1}^{k} [e_i/m - (a_i/2m)^2]。 \qquad (4.28)$$

其中，e_i 表示模块 i 内的边权重之和，$a_i = \sum_j e_{ij}$ 表示连接模块 i 和 j 的边权重之和，m 为网络中所有边的权重之和，k 为模块数。一般而言，模块度 Q 越大，其节点分割的效果越好[147-148]。实验中，我们以 Q 作为模式选择的依据。

轮廓系数[149]公式定义如下：

$$S(i) = \begin{cases} 1 - \dfrac{a(i)}{b(i)} & if\ a(i) < b(i) \\ 0 & if\ a(i) = b(i) \\ \dfrac{b(i)}{a(i)} - 1 & if\ a(i) > b(i) \end{cases} 。 \qquad (4.29)$$

其中，$a(i)$ 代表卜辞 i 与其所在模块内的其他卜辞之间距离的平均值；$b(i)$ 代表卜辞 i 与其相邻模块内所有卜辞之间距离的平均值。相邻模块指的是与卜辞 i 所在的模块具有最小平均距离的模块。实验中，用所有节点的平均轮廓系数来检验模型的性能。

（2）数据集

本书将在卜辞-甲骨字文档数据集上测试我们提出的方法。下面我们从数据搜集、整理和预处理方面介绍该数据集。

OBI-200 数据集是随机选自《甲骨拼合集》中的 200 条卜辞，其中包括 30 对同文卜辞，通过分词、去除停用词，最终获得 200×386 的卜辞-甲骨字矩阵。将该矩阵通过 TF IDF 处理后进行实验[150-151]。表 4.5 给出了 OBI-200 数据集的部分信息。

（3）实验和结果

利用提出的 HMFobi 方法，在搜集的 OBI-200 数据集上执行了大量实验。比较的基准方法包括：NMF[145,152]、谱聚类（Spectral Clustering，SC）[153]、图正则化的非负矩阵分解（Graph Regularized Nonnegative Matrix Factorization，GNMF）[154]等，结果如表 4.6 所示。

对于 NMF 和 GNMF，在计算模块度时，对分解后的系数矩阵 H 求余弦相似性，然后计算其模块度和轮廓系数；对于 GNMF，表 4.6 呈现的是最优参数组合下的模块度与轮廓系数；对于 HMFobi，根据式（4.30）中 α、β 的取值计算模块度与轮廓系数。如表 4.6 所示，提出的 HMFobi 在两个指标上均优于其他方法，显示出了 HMFobi 在甲骨卜辞文本分析中的有效性。

表 4.5 OBI-200 数据集的部分信息

H21078	
H21079	
H21727	
H33273	
B03992正乙	
H24974	
H14335	
B12457	
H33291	
H34120	
H14335	
H14395正	
H19814	
H36166	
Y02518	
H32099	
H26486	
H26486	
H35524	
H35524	
H23029	

表 4.6 不同方法在 OBI-200 数据集上的实验结果

	模块度	轮廓系数
NMF	0.2328	0.4920
SC	0.3039	0.5794
GNMF	0.2876	0.5457
HMFobi	0.3260	0.5833

（4）参数初始化与敏感性分析

在 HMFobi 目标函数中，有两个参数需要指定：α、β。其中，α 反映了 SNMF 在式（4.23）中的重要性。首先，通过 NNDSVD[155] 获得卜辞-甲骨字矩阵 X 的初始因子矩阵 H 与 W；对于任意的 i，令 $R_{ii} = 1/m$，$S = A$，其中 m 为特征数；则 α、β 初始值设定为：

$$\alpha = \|XR - HW\|_F^2 / \|S - HH^T\|_F^2, \beta = 1。 \quad (4.30)$$

将其用于整个实验中。

为进一步验证所提出的 HMFobi 方法的鲁棒性，本书也进行了参数敏感性分析。令 $\alpha, \beta \in \{2^{-3}, 2^{-2}, 2^{-1}, 2^0, 2^1, 2^2, 2^3\}$，计算不同参数组合下的模块度取值。模块度 Q 随参数 α、β 的变化情况如图 4.25 所示。

在图 4.25 中，在 α、β 的不同取值组合下，HMFobi 有一致稳定的表现，

第4章 甲骨文语义网络融合与应用

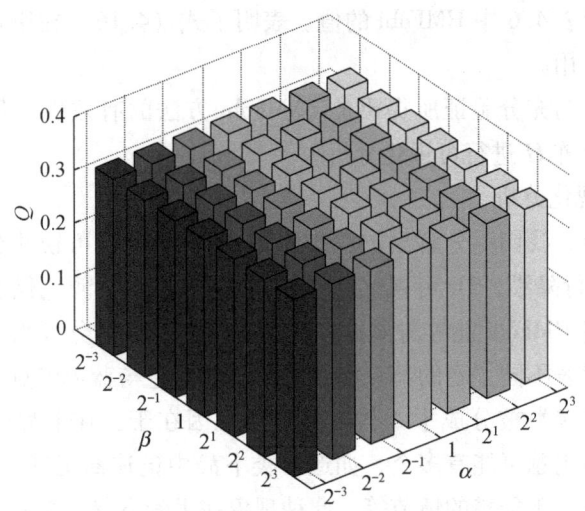

图 4.25　模块度 Q 随 α 和 β 的变化情况

表明其对参数的组合变化情况不敏感。轮廓系数 S 随参数 α、β 的变化情况如图 4.26 所示，同样地，HMFobi 对不同参数组合下的 S 取值也不敏感。

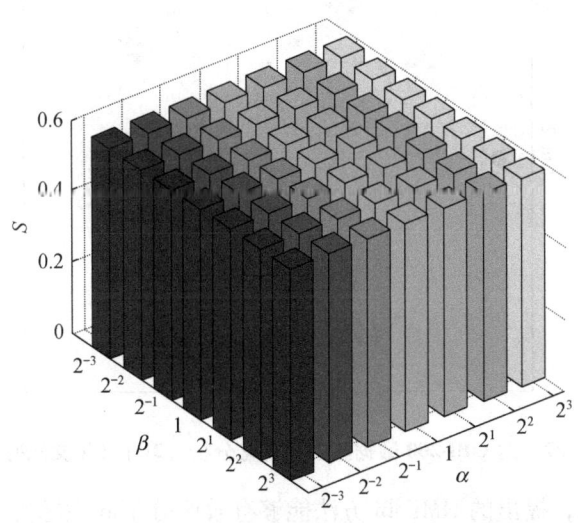

图 4.26　轮廓系数 S 随 α 和 β 的变化情况

此外，我们也进行了消融实验以验证目标函数影响组分的有效性。在式 (4.21) 中，令 $\beta = 0$，α 保持不变，运行 HMFobi 算法，计算模块度 $Q = $

0.0955，小于表 4.6 中 HMFobi 的值。表明了式（4.16）在甲骨卜辞主题聚类分析中的作用。

接下来，为充分验证所提出的 SNMFobi 方法的有效性，我们对降维后的卜辞系数矩阵 H 进行可视化分析。

（5）可视化分析

在本部分，我们对分解后的聚类系数矩阵 H 进行可视化分析。通过 t-sne[2] 对 H 进行降维，2D 可视化结果如图 4.27 所示。颜色代表卜辞文本主题。可以看出 HMFobi 能够清晰地将不同主题的节点区分开来。需要注意的是：①一些代表不同主题的节点混在一起，如紫色与蓝色节点；②红色节点所代表的主题聚类被分成了 2 簇。其可能原因在于：在卜辞所记录的事件中，其描述的主题可能有多个，如巡狩类卜辞中记述商王征伐的一些细节、祭祀卜辞中有关于狩猎的情节等。此种现象在甲骨卜辞中多有出现，反映了殷商时期社会、政治生活的一个缩影。

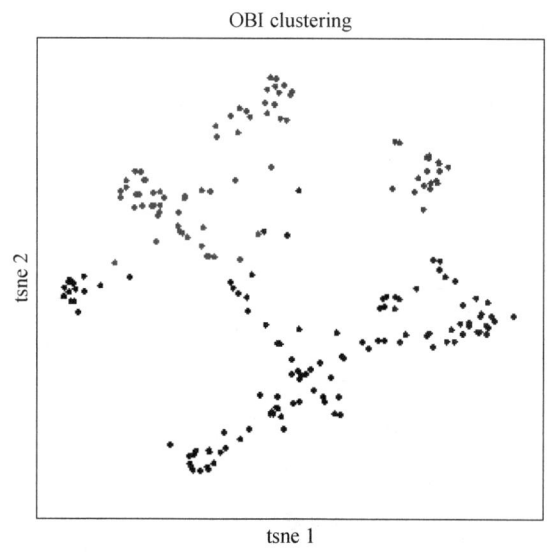

图 4.27 对 OBI-200 数据集的可视化分析（2D）（见文末彩插）

总的来说，提出的 HMFobi 方法能够有效区分不同主题类别的卜辞，且能够在低维子空间中保持其语义关联。

4.3.5 结语

本部分提出了一种基于 Hybrid 矩阵分解的卜辞文本主题聚类方法——

HMFobi。该方法考虑了甲骨文中的卜辞同文现象,基于同文卜辞和原始的卜辞文本数据构建了一致的卜辞语义相似性矩阵,并将其引入到 Hybrid 矩阵分解模型中。在整理的 OBI-200 数据集上执行了对比实验,结果表明:与一些基准方法和竞争性方法相比,提出的 HMFobi 算法在模块度和轮廓系数指标上具有更优的性能;同时,参数敏感性实验也显示了该方法的稳定性。进一步通过对生成的卜辞低维表示矩阵的 tsne 进行可视化分析,发现与主题相关的卜辞呈现明显的按主题聚类的现象,表明了所提出的 HMFobi 方法在卜辞文本主题分析上是可行和有效的。

虽然对甲骨卜辞主题分析进行了一些探索性研究,然而囿于数据集规模和古文字学知识的欠缺,尚需在更大规模数据集上进行验证。在未来的研究中,将着眼于以下几个方面:

①扩大数据集规模,收集较为完整的卜辞数据以充分验证模型性能;

②引入甲骨字构型信息。如第 3.1.2 小节所述,基于 12 种表意文字描述字符(☐☐☐☐☐☐☐☐☐☐☐☐)对甲骨字进行拆分,构建每个甲骨字的前缀表达式。其中:"☐"代表两个部件由左至右组成;"☐"代表两个部件由外至内组成;"☐"代表三面包围,下方开口;"☐"代表两面包围,两部件由左上至右下组成等。基于此种表示,从构件视角建立甲骨之间的语义网络,并将其引入模型。

4.4 本章小结

本章介绍了卜辞、甲骨字语义网络构建的准则与出发点,包括如何从字形、构件、语法、固定搭配等视角构件甲骨字语义网络;在此基础上,提出了甲骨文语义网络融合的原则,介绍了利用标准互信息判断不同视角间的一致性和兼容性问题。

基于以上内容,对多视角语义网络融合的方法进行了回顾和梳理,重点介绍了基于深度学习的方法(暹罗神经网络、BERT、FastText 与 GCN),基于矩阵分解的方法和基于统计的方法(编辑距离和词移距离),并对几种多视角图卷积网络模型进行阐释,提出了其应用于甲骨卜辞分析的若干场景。

最后,结合多视角语义网络融合的原理与方法,给出了甲骨文语义网络融合与挖掘的应用案例,并对未来可能的研究思路与方向进行了展望。

第 5 章　总结与展望

5.1　工作总结

随着图像处理、自然语言处理等技术的发展，信息资源多元化程度日益加剧，多模态数据呈现几何增长趋势。传统的机器学习方法在处理单一形式来源的数据时具有良好的性能，但面对海量的多源异构数据往往表现不佳，使得深层次的分析无法展开。本书针对甲骨文研究面临的诸多困难和现实问题，从卜辞语义网络融合视角，阐释了卜辞语义网络的多维度多层次表示、构建与融合等问题，并在整理的卜辞文本数据集上执行了大量试验，验证了所提出的多视角卜辞语义网络融合模型的有效性和合理性。现将主要工作总结如下。

（1）甲骨文语义网络研究文献调研与信息计量学分析

通过检索 CNKI 数据库，梳理和回顾与甲骨文语义相关的文献，了解甲骨文语义网络研究的现状、特点，并分析其现存问题。在此基础上，通过信息计量学分析，统计甲骨文语义网络研究相关文献中的高频关键词，构建关键词相似性矩阵，凝练出甲骨文语义网络研究的热点与趋势。

（2）卜辞、甲骨字的多视角表示与语义网络构建

根据多视角学习理论，研究了卜辞、甲骨字的多视角表示与语义网络构建。从卜辞文本视角，将每条卜辞视为一个短文本，利用自然语言处理中的相关工具和方法，构建了"词—文档"矩阵，其元素代表甲骨字在卜辞中出现的频数；采用信息计量学中文献耦合的思想，提出以"任两条卜辞中共现甲骨字的频数为共现强度"的卜辞共现网络构建方法；根据观察到的卜辞中常见的"同文卜辞"现象，提出以同文卜辞为视角构建卜辞语义关联网络的设想；从事类分类视角构建卜辞主题语义关联网络等。

对于甲骨字语义网络，分别从字形轮廓、组成构件、文例、语法等视角，提出了甲骨字语义网络的构建方法。

(3) 卜辞语义网络融合模型与方法

在上述分析的基础上，考虑到卜辞同文在甲骨文研究中的重要作用，通过整合"词—文档"矩阵与卜辞同文相似性网络，提出了两种多视角卜辞语义网络融合模型。

此外，重点介绍了几种重要的文本相似性测度方法与多视角融合模型，如编辑距离、词移距离、BERT、FastText、图卷积网络等，分析了它们在卜辞文本分析中的应用前景。其中，因图卷积网络在文本表示中的优良特性，且与本书介绍的卜辞语义网络构建与融合等内容密切相关，对其进行了详细阐释，并指出其在卜辞语义网络分析中的潜力。

(4) 多视角卜辞语义网络融合实证研究

在前述研究工作的基础上，对"殷契文渊"平台所收甲骨著录进行筛选，遴选了 200 条卜辞（包括 30 对同文卜辞），构建了 OBI-200 数据集，对提出的模型进行了实证分析，试验结果显示所提出的方法显著优于其他多视角语义网络融合方法，阐释了所提出的模型在甲骨数据分析中的有效性。

最后，结合甲骨数据的特性与本书开展的主要研究工作，提出了甲骨卜辞语义网络研究未来可借鉴的思路。如整合其他模态的甲骨数据以构建更加鲁棒的卜辞语义网络、扩大数据集规模以进一步验证所提出模型的性能、设计其他的基于深度学习的多视角语义网络整合方法等。

5.2 研究展望

本书所提出的卜辞语义网络融合模型在 OBI-200 数据集上进行了比较试验，证明了其有效性。然而，鉴于计算机辅助甲骨文研究起步较晚，尚有大量工作需要进一步深入与拓展，在实际应用中可能会遇到一些问题，需结合甲骨学专业知识对模型进行微调。在下一步的工作中，拟在以下几个方面展开系统、深入地研究。

(1) 扩大数据集规模，利用多视角图卷积网络进行卜辞、甲骨字的学习

为便于分析，在模型验证部分，我们在一个较小规模的数据集（200 条卜辞）进行了试验，阐释了所提出模型的有效性。然而，随着甲骨文研究的系统推进，可用卜辞数据已达百万余条，如何设计更有效的模型以进行卜辞语义网络的整合分析，是我们要考虑的一个重要问题。图卷积网络因在处

理网络数据中的强大能力，受到了极大关注。根据卜辞数据特性，设计有效的多视角图卷积网络，进行卜辞、甲骨字的表示学习，并用于主题分析、考释等任务，是值得深入研究的课题。

（2）多视角卜辞语义网络的权重设置

在多视角学习任务中，每个视角仅代表真实数据的部分信息，可能某个视角接近真实的程度高一些，而其他视角因包含噪声，接近真实的程度要低一些；那么，这些视角在模型训练过程中的权重也应不同。如何判断并赋予不同视角相应的权重，使得有价值的视角权重更高，而噪声视角权重更低，是需要考虑的另一个问题。

（3）多视角甲骨文语义网络在残辞拟补中的应用

在对甲骨卜辞进行整理的过程中，发现许多卜辞因甲骨载体残断、破损缺失了部分甲骨字，对其整体释读带来了极大困难。通过构建多维度多层次的甲骨字、卜辞语义网络，并进行有效融合，有望解决残辞拟补问题。具体而言，将"卜辞—甲骨字"关联矩阵、卜辞语义网络与甲骨字语义网络作为多视角融合模型的输入，同时对卜辞语义网络和甲骨字语义网络进行聚类分析，识别关联的卜辞模块与甲骨字模块，然后对这些关联模块进行深入分析，借以发现卜辞、甲骨字之间的潜在关联，实现残辞拟补。

（4）甲骨文跨模态信息检索

如前文所述，一些甲骨文收藏机构积累了大量的图片、释文文本等多模态甲骨数据。如何多元化利用这些数据，让大家更好地了解甲骨文、传承中华传统文化，已引起了有关部门的关注。作为一种象形文字，甲骨文为跨模态信息检索（输入文本，检索图像；输入图像，检索文本）提供了一条可行的途径。首先，对甲骨字图片进行标注；然后，将描述甲骨字的文本和相应图片进行配对，并用作训练集，通过跨模态信息检索模型，获得图片、文本在低维子空间中的表示；最后，在该子空间中进行跨模态信息检索。

跨模态信息检索要求输入一张甲骨字图片，输出的是一段对这幅图片的描述文本。通过这种方式，降低了甲骨文的入门门槛，使得没有古文字功底的人也能了解甲骨文，无形中增添了他们学习的兴趣。

（5）从甲骨文到现代汉字的演变

甲骨文是最早的古文字体系，蕴含了中华文化的基因。从甲骨文到现代汉字，字形、字体经历了许多变迁，但仍保持着一脉相承的印痕。如何利用甲骨文、金文、篆书、汉字等字形、语义信息，挖掘其演变轨迹，是值得全面、系统、深入开展的一个重大课题。其中，古文字学、语言学、人工智能等多学科理论与方法的交叉融通，是保障其顺利执行的一个关键，亟须跨学科、多学科人才加入该项研究。

附　录

《新甲骨文编》字形拆分示例

甲骨字	前缀表达式（IDS）	页码
秫	⿰秂秂	3
秫	⿰秂秂	3
氒	⿱𠆢中	5
利	⿰丁人	6
秒	⿰𠂉丁人	6
犛	⿰丁牜	7
哭	⿰𠂉人	7
吅	⿰𠂉人	7
芍	⿰丁𠃌	8
芍	⿰丁𠃌	8
艿	⿰丁𠃌	8
冉	⿰丁厂	8
厈	⿰厂丁	8
行	⿰丁丩	9
合	⿱丁合	9
含	⿰一牜	9
待	⿰丁牜	9
鼻	⿰⿱⿰牜人人	9
承	⿰丁彡	11
從	⿰丁⿱牜人人	10
背	⿰丁算	12
阿	⿰丁𠃌	12
蜵	⿰𠃌丁	12
孙	⿰𠃌丁	12
马	⿰𠃌曰	13
刿	⿰丁𠃌	13
肖	⿰𠃌乚	14
燃	⿰𠃌𠃌	14
内	⿰𠃌𠃌	14
竹	⿰𠃌𠃌	14

续表

甲骨字	前缀表达式（IDS）	页码
	⿰⿱	14
	⿰⿱	14
	⿱⿻⿱⿻⿻	15
	⿱⿻⿻	15
	⿰⿻⿻	15
	⿱⿻⿻⿻	16
	⿱⿻⿻⿻	16
	⿱⿻⿰⿻⿻	16
	⿱⿻⿻	16
	⿰⿻⿻	17
	⿱⿻⿻	17
	⿰⿻⿻	17
	⿱⿻⿻⿰⿻⿻	17
	⿱⿻⿻	17
	⿰⿻⿻	18
	⿱⿻⿻	20
	⿱⿻⿻	20
	⿱⿻⿻	20
	⿱⿻⿻	20
	⿰ ⿻⿻	20
	⿰○⿻	21
	⿰⿻⿻⿻⿻	22
	⿰⿻⿻	22
	⿰⿻⿻	22
	⿰⿻	22
	⿱⿻⿰⿻	22
	⿱⿻⿻	26
	⿱⿻⿻	26
	⿰⿻⿻⿻⿻	27
	⿰⿻⿻⿻⿻	27
	⿱⿰⿻⿻⿻	27

续表

甲骨字	前缀表达式（IDS）	页码
		28
		28
		28
		28
		30
		31
		31
		31
		32
		32
		32
		32
		32
		32
		32
		33
		33
		33
		33
		34
		34
		34
		34
		34
		34
		34
		35
		35
		35
		35
		35

续表

甲骨字	前缀表达式（IDS）	页码
		35
		36
		36
		38
		39
		39
		40
		40
		40
		42
		42
		43
		43
		43
		43
		43
		45
		45
		46
		46
		46
		48
		48
		48
		48
		48
		48
		48
		49
		51

续表

甲骨字	前缀表达式（IDS）	页码
		52
		52
		52
		54
		54
		55
		55
		55
		55
		56
		56
		57
		58
		59
		59
		59
		59
		60
		60
		60
		62
		63
		63
		63
		65
		65
		65
		66
		66
		66
		66

续表

甲骨字	前缀表达式（IDS）	页码
		66
		67
		67
		67
		67
		67
		68
		69
		69
		69
		69
		69
		69
		70
		70
		70
		70
		71
		71
		71
		71
		71
		71
		71
		71
		72
		72
		72
		73
		73
		73

续表

甲骨字	前缀表达式（IDS）	页码
		73
		75
		76
		76
		77
		77
		77
		77
		78
		78
		78
		78
		79
		79
		79
		79
		80
		80
		80
		80
		81
		82
		82
		83
		83
		83
		83
		83
		84
		84
		84

附　录

续表

甲骨字	前缀表达式（IDS）	页码
![]	![]	84
![]	![]	84
![]	![]	84
![]	![]	84
![]	![]	85
![]	![]	85
![]	![]	85
![]	![]	86
![]	![]	86
![]	![]	86
![]	![]	86
![]	![]	87
![]	![]	87
![]	![]	87
![]	![]	87
![]	![]	89
![]	![]	89
![]	![]	89
![]	![]	90
![]	![]	92
![]	![]	92
![]	![]	92
![]	![]	92
![]	![]	92
![]	![]	93
![]	![]	93
![]	![]	93
![]	![]	93
![]	![]	93
![]	![]	93
![]	![]	93

续表

甲骨字	前缀表达式（IDS）	页码
		93
		94
		94
		95
		95
		95
		95
		95
		95
		96
		96
		96
		96
		97
		98
		97
		97
		97
		97
		98
		98
		98
		98
		98
		99
		100
		100
		100
		100
		100
		100

续表

甲骨字	前缀表达式（IDS）	页码
		102
		102
		102
		102
		102
		103
		103
		103
		104
		104
		104
		104
		105
		105
		105
		105
		105
		106
		106
		108
		107
		107
		107
		106
		106
		106
		108
		108
		109

续表

甲骨字	前缀表达式（IDS）	页码
名	▯亻曰𠆢▭	109
名	▯亻曰丩▭	109
名	囗亻曰丩▭	109
亻	▯亻囗丿丿	110
名	▯亻曰丫丫	110
名	囗亻丫丫	110
名	▯亻丫	110
名	▯亻丿	110
名	▯亻曰火▭	111
名	▯亻𠂆	111
名	▯亻曰丿卌	111
名	▯亻禾	111
名	皿亻彡乂	111
名	▯亻帚	111
名	皿亻月乂	112
名	▯止亻	113
名	囗亻曰丩攵	113
名	▯目卌朿朳亻	114
名	▯亻丿	114
名	▯丩𠃌	114
名	▯亻丩	115
名	▯亻丂	116
名	囗亻白	117
名	囗亻囗丩丩丩	117
名	囗亻囗丿曰丩丂	117
名	囗亻乂	117
名	囗亻曰卌中	118
名	囗亻曰丿丨	118
名	囗亻曰刂丿	118
名	囗亻丫	118
名	囗亻丁	118

续表

甲骨字	前缀表达式（IDS）	页码
街		119
衙		119
徐		119
徙		119
𠮛		120
嘴		120
𠙹		120
乞		120
向		120
吹		120
㗊		122
咢		122
㪺		123
舌		125
甘		125
刮		125
㗊		127
沝		127
昌		129
𣍘		129
明		129
囧		130
姁		131
申		132
陰		134
希		136
𠁥		137
乘		137
䳐		137
𨾏		137
彻		138

111

续表

甲骨字	前缀表达式（IDS）	页码
		138
		138
		138
		140
		141
		141
		141
		141
		141
		142
		142
		142
		143
		143
		143
		143
		143
		144
		144
		144
		144
		144
		145
		145
		145
		145
		145
		145
		146
		146
		146

附 录

续表

甲骨字	前缀表达式（IDS）	页码
		146
		146
		146
		147
		147
		147
		147
		147
		147
		147
		149
		149
		150
		150
		151
		151
		152
		152
		152
		152
		152
		152
		152
		153
		154
		155
		155
		155
		155
		155
		156

113

续表

甲骨字	前缀表达式（IDS）	页码
		156
		156
		157
		157
		157
		157
		157
		157
		158
		158
		158
		158
		158
		159
		159
		159
		160
		160
		160
		161
		161
		161
		162
		165
		165
		166
		166
		168
		168
		169
		170

续表

甲骨字	前缀表达式（IDS）	页码
	⿱厂入	170
	⿰入入	170
	⿰入𦍌	171
	⿰⿱入木丁入	171
	⿱𦍌⿱屮日	172
	⿰⿱入	172
	⿰入入	174
	⿱厂入	175
	⿰入日	175
	⿰乙入	175
	⿰网入	175
	⿰入羊	175
	⿰入西	176
	⿰入刀	176
	⿱⿰屮口木	176
	⿱丁入	176
	⿰入羊	176
	⿰羽乚	176
	⿱入半	177
	⿰末入	177
	⿰⿱半入	178
	⿱申入	180
	⿰人入	180
	⿱上玄	181
	⿱上四	181
	⿰自入	182
	⿰自丁	183
	⿰木自	183
	⿱自束	183
	⿱自自	184
	⿱⿰屮自自	184

续表

甲骨字	前缀表达式（IDS）	页码
		184
		185
		185
		185
		186
		186
		186
		187
		187
		187
		187
		187
		188
		188
		188
		188
		188
		189
		189
		189
		189
		189
		189
		190
		190
		190
		190
		191
		191
		192
		192

续表

甲骨字	前缀表达式（IDS）	页码
	⿰	193
	⿰	194
	⿱⿰	195
	⿱	195
	⿱⿰	195
	⿰	195
	⿰	195
	⿰	196
	⿰	196
	⿰	196
	⿰	196
	⿰	196
	⿰	197
	⿰	197
	⿰	197
	⿰⿰	198
	⿰	198
	⿰	198
	⿰	199
	⿲⿱	199
	⿲	199
	⿰	200
	⿰	200
	⿰⿰	200
	⿰⿰	200
	⿰⿱⿰	201
	⿰	201
	⿰	201
	⿰	201
	⿰	202
	⿰⿱⿰	202

续表

甲骨字	前缀表达式（IDS）	页码
		202
		202
		202
		202
		203
		203
		203
		203
		203
		203
		204
		204
		204
		204
		204
		204
		204
		205
		205
		205
		207
		207
		207
		209
		210
		210
		210
		210
		213
		214
		214

续表

甲骨字	前缀表达式（IDS）	页码
		219
		221
		222
		222
		223
		223
		223
		223
		224
		224
		225
		225
		225
		225
		225
		226
		227
		230
		230
		230
		231
		231
		231
		231
		231
		231
		232
		232
		232
		232
		233

续表

甲骨字	前缀表达式（IDS）	页码
		233
		234
		236
		236
		237
		238
		238
		238
		239
		239
		239
		239
		239
		239
		240
		240
		240
		240
		240
		240
		241
		241
		241
		241
		241
		241
		242
		242
		242
		242
		242

续表

甲骨字	前缀表达式（IDS）	页码
		242
		243
		243
		243
		243
		243
		243
		244
		244
		244
		244
		244
		244
		245
		246
		246
		246
		246
		246
		246
		247
		247
		247
		247
		247
		247
		297
		297
		298
		298
		298

续表

甲骨字	前缀表达式（IDS）	页码
		299
		300
		300
		300
		300
		301
		301
		301
		302
		302
		302
		302
		302
		303
		303
		303
		303
		304
		304
		304
		305
		305
		305
		305
		305
		306
		306
		307
		307
		308
		308

续表

甲骨字	前缀表达式（IDS）	页码
	⿴囗亻𠆢	308
	⿴囗八乂	309
	⿴囗八乂	309
	⿴囗丿乂	309
	⿴囗イ乂	309
	⿴囗イ乂	309
	⿴囗㐅乂	311
	⿴囗乂キ	312
	⿴囗乂乑	312
	⿴囗丨乂	312
	⿴囗丁乂	312
	⿴囗氏乂	312
	⿴囗氏乂	312
	⿴囗丷乂	313
	⿴囗丨乂	313
	⿴囗丷丷	313
	⿴囗人乂	313
	⿴囗Ⅲ大大乂	313
	⿴囗丨乂	313
	⿴囗囗丨乂	313
	⿴囗了乂	313
	⿴囗豕乂	314
	⿴囗㙔乂	314
	⿴囗了乂	314
	⿴囗木一	314
	⿴囗⊙乂	315
	⿴囗○乂	315
	⿴囗田乂	316
	⿴囗冂丼	316
	⿴囗丨丼	319
	⿴囗亻士	319

续表

甲骨字	前缀表达式（IDS）	页码
		319
		319
		319
		319
		319
		319
		319
		319
		320
		320
		321
		321
		322
		322
		322
		323
		324
		325
		326
		326
		326
		326
		326
		326
		327
		327
		328
		328
		328
		328
		328

续表

甲骨字	前缀表达式（IDS）	页码
⿱	⿱▱▱	328
⿱	⿱▱▱	328
⿱	⿱▱▱	328
⿱	⿱▱▱	329
⿱	⿱▱▱	330
⿱	⿱▱▱	332
⿱	⿱▱▱	332
⿱	⿱▱▱	333
⿱	⿳▱▱▱	333
⿱	⿳▱▱▱	333
⿱	⿱▱▱	334
⿱	⿳▱▱▱▱	335
⿱	⿱▱▱	335
⿱	⿳▱▱▱	336
⿱	⿱▱▱	336
⿱	⿱▱▱	336
⿱	⿱▱▱	337
⿱	⿱▱▱	337
⿱	⿱▱▱	339
⿱	⿱▱▱	340
⿱	⿱▱▱	340
⿱	⿱▱▱	340
⿱	⿱▱▱	341
⿱	⿳▱▱▱▱	341
⿱	⿳▱▱▱▱	341
⿱	⿳▱▱▱	342
⿱	⿱▱▱	342
⿱	⿱▱▱	343
⿱	⿱▱▱	343
⿱	⿳▱▱▱	344
⿱	⿳▱▱▱▱	344

续表

甲骨字	前缀表达式（IDS）	页码
		345
		345
		345
		346
		346
		348
		348
		349
		350
		351
		352
		353
		353
		354
		354
		355
		355
		359
		359
		359
		359
		360
		360
		360
		360
		361
		361
		361
		361
		362
		362

续表

甲骨字	前缀表达式（IDS）	页码
	⿱⽊⼝	362
	⿱⼿⽊	362
	⿱⽦⽴	362
	⿷⼅	363
	⿱⽊⾯	363
	⿱⽊⿱⽇丌	363
	⿱⽊⽣	363
	⿰⽔⼩	364
	⿱⽖⽊	364
	⿰⽊⼅	365
	⿰⼅⽊	366
	⿱⾆⽊	366
	⿰⽊⿱⼲⾯	366
	⿰⽊⿱⽇	366
	⿰⽊⼄	366
	⿱⽊⼄	367
	⿰⼐⿰⽊⊗	367
	⿱⾆⽊	367
	⿱⽊⿱⼇	367
	⿰⽊⿰⼿⼅	367
	⿰⼁⼿⽊	367
	⿰⽊⿰⼅⿰○○	367
	⿰⼞⿱⽴⼄⽊	368
	⿰⽊⼘⼅	368
	⿰⼞⽊⼞	369
	⿱⼸⼞⽊	369
	⿰⽊⽊	369
	⿰⽊⿰⼓⼅	370
	⿱⼞⽊⽊	370
	⿰⽊⼟⽊	370
	⿱⽥⼞⽊⽊	370

甲骨字	前缀表达式（IDS）	页码
		370
		370
		371
		371
		371
		371
		371
		371
		372
		372
		372
		372
		372
		374
		375
		377
		378
		379
		380
		380
		380
		380
		382
		382
		383
		384
		385
		385
		386
		386
		386

续表

甲骨字	前缀表达式（IDS）	页码
		387
		387
		387
		388
		388
		389
		389
		389
		389
		390
		390
		390
		392
		392
		392
		393
		393
		393
		393
		394
		394
		394
		395
		395
		395
		395
		395
		396
		397
		397
		400

续表

甲骨字	前缀表达式（IDS）	页码
		400
		400
		401
		401
		402
		402
		402
		402
		402
		402
		402
		403
		403
		403
		405
		405
		405
		406
		406
		406
		407
		407
		407
		407
		407
		407
		408
		408
		408
		409
		409

续表

甲骨字	前缀表达式（IDS）	页码
		409
		409
		409
		410
		412
		412
		412
		412
		413
		413
		414
		414
		414
		415
		416
		417
		418
		418
		419
		419
		420
		420
		420
		422
		422
		422
		422
		423
		423
		423
		424

续表

甲骨字	前缀表达式（IDS）	页码
		425
		425
		425
		426
		426
		426
		429
		430
		430
		430
		430
		431
		431
		433
		434
		434
		434
		434
		435
		435
		436
		436
		437
		437
		437
		438
		438
		438
		439
		440

附　录

续表

甲骨字	前缀表达式（IDS）	页码
	⿴介▼	440
	⿴介⼝	441
	⿴介⼞	441
	⿴介⺕	441
	⿳⿴介⽇⼛	442
	⿴介⼕	442
	⿴介⼃	442
	⿴介⼇	442
	⿴介⿰⼇⼇	442
	⿰介⼃	443
	⿴介⿰⽇⼀⼁	443
	⿴介⼀	443
	⿴介肘	443
	⿰⽇⼃⼃	443
	⿴介⿰⼃⼁	444
	⿰⼃⼁	445
	⿰⽇介⼇	445
	⿴介⿰⽇⽶⼖⼇	445
	⽇⾈⼇	446
	⿴介⼚	446
	⽇介⼲	446
	⿴介纟	447
	⿴介⿰⽇⼇	447
	⿴介⼙	447
	⿴介⻄	448
	⿴介⼇	448
	⿴介⼃	449
	⿰⼇介⽇⼂⺆	449
	⿴介⼇	449
	⿴介⿰⼟⼃	449

133

续表

甲骨字	前缀表达式（IDS）	页码
		449
		449
		449
		449
		450
		450
		450
		450
		450
		451
		451
		451
		451
		451
		451
		451
		451
		452
		452
		452
		452
		452
		452
		453
		453
		453
		453
		453
		453
		453
		454

续表

甲骨字	前缀表达式（IDS）	页码
		454
		454
		454
		454
		454
		455
		455
		455
		456
		457
		457
		457
		458
		458
		458
		459
		459
		460
		460
		460
		460
		460
		461
		461
		462
		462
		462
		463
		463
		463
		464

续表

甲骨字	前缀表达式（IDS）	页码
		465
		465
		466
		466
		466
		466
		467
		469
		469
		469
		470
		474
		475
		475
		476
		476
		476
		476
		477
		477
		477
		478
		478
		478
		479
		479
		480
		482
		482
		482
		483

附　录

续表

甲骨字	前缀表达式（IDS）	页码
		483
		484
		484
		484
		485
		485
		485
		485
		485
		485
		485
		485
		486
		486
		486
		487
		488
		488
		489
		490
		493
		493
		493
		495
		495
		496
		496
		496
		497
		497
		497

续表

甲骨字	前缀表达式（IDS）	页码
		498
		498
		499
		499
		501
		501
		501
		501
		502
		503
		503
		504
		505
		505
		506
		506
		506
		506
		507
		507
		507
		508
		511
		511
		511
		513
		514
		515
		517
		518
		518

续表

甲骨字	前缀表达式（IDS）	页码
	□🂠🂠	519
	□🂠🂠	519
	□🂠🂠	519
	□🂠🂠	519
	□🂠□🂠□	521
	□🂠🂠	521
	□🂠🂠	521
	□□🂠	521
	□🂠🂠	522
	□🂠□	523
	□🂠□	523
	□🂠🂠	526
	□🂠🂠	530
	□🂠🂠	530
	□🂠🂠	530
	□🂠🂠	531
	□🂠🂠	532
	□🂠🂠	532
	□🂠🂠	533
	□🂠🂠	533
	□🂠🂠	533
	□🂠🂠	533
	□🂠🂠	534
	□🂠🂠	534
	□🂠🂠	536
	□🂠🂠	537
	□🂠🂠	537
	□🂠🂠	537
	□🂠🂠	538
	□🂠🂠	538
	□🂠🂠	538

续表

甲骨字	前缀表达式（IDS）	页码
		538
		538
		539
		541
		541
		541
		541
		541
		542
		542
		543
		543
		543
		543
		543
		543
		543
		544
		544
		544
		544
		545
		545
		545
		546
		547
		547
		547
		547
		548
		548

续表

甲骨字	前缀表达式（IDS）	页码
夨	⿱屮八	551
罕	⿱冂丁	551
𣥂	⿰口止	554
𣥓	⿰日止	554
𣥗	⿰䆫止	554
𣥘	⿰倉止	554
𣥕	⿰囗止	555
𠀉	⿰止止	555
𣥤	⿰囗夊	555
𣥞	⿱口止止止	555
𣥖	⿱日止	555
𣥔	⿰日止	555
𣥜	⿱Ⅲ止	555
𣥒	⿰囗止	557
𨀤	⿰囗𫝀	562
𨀣	⿰囗黒	562
𨀢	⿰囗父	562
𨀥	⿰囗苗	562
𨀦	⿰囗方	563
𨀧	⿱日囗吉	563
𨀨	⿰囗疋丁	563
𨀩	⿰囗疋人	563
𨀪	⿰囗疋屮	563
𨀫	⿱囗止止	564
𨀬	⿰囗囗彡止	564
𨀭	⿰Ⅲ彡止	564
𨀮	⿰囗日夂口止	564
𨀯	⿰囗丁止	564
𨀰	⿰囗止止	564
𨀱	⿰Ⅲ金止止	564
𨀲	⿰囗金止	564

141

续表

甲骨字	前缀表达式（IDS）	页码
		565
		565
		565
		565
		566
		566
		567
		568
		568
		568
		569
		569
		570
		570
		570
		570
		571
		571
		571
		572
		572
		573
		576
		576
		579
		579
		579
		580
		580
		581
		581

续表

甲骨字	前缀表达式（IDS）	页码
秋	⿱⿰十厶夫	582
舛	⿱⿰厶夫	582
禾	⿱⿰⿰⿰十厶⿰夫夫夫	582
秅	⿱⿰立夫	582
秊	⿱⿰田夫	582
稍	⿱⿰夕夫	583
稷	⿱⿰目夫	583
稻	⿱⿰个夫	583
稼	⿱夫⿰夫	584
穑	⿱⿰⿰夫弋⿰夫夫	584
黍	⿱日月介	585
秬	⿱日米丶	586
秫	⿱日角心	588
穀	⿱日門丶	588
穰	⿱日亽丶	588
穌	⿱日刀禾丶	588
稌	⿱日禾丶	588
穎	⿱日垚丶	588
秔	⿱日由丶	589
稗	⿱日林丶	589
稞	⿱日林丶入	589
稟	⿱日介丶	590
穢	⿱日丶介	590
稜	⿱日丶夫	591
稻	⿱日丶十	592
稿	⿱日⿰十禾丶	592
稖	⿱日丶禾	592
稃	⿱日十丶	592
稧	⿱日支丶	592
稒	⿱日夕丶	592

续表

甲骨字	前缀表达式（IDS）	页码
		592
		594
		594
		594
		595
		595
		595
		595
		595
		595
		595
		596
		596
		596
		596
		596
		596
		596
		596
		597
		597
		599
		600
		600
		600
		600
		600
		601
		601
		601
		602

附　录

续表

甲骨字	前缀表达式（IDS）	页码
		602
		602
		602
		602
		602
		603
		604
		606
		607
		608
		611
		611
		612
		613
		614
		615
		617
		617
		617
		617
		617
		618
		618
		618
		618
		618
		620
		620
		622
		622
		623

续表

甲骨字	前缀表达式（IDS）	页码
	⿱冫日	623
	⿱冫㫃	624
	⿱冫曰	624
	⿱冫兔	624
	⿱冫㚔	624
	⿱冫夰	624
	⿱冫丫	624
	⿱冫屮	624
	⿱冫曰	624
	⿱冫彳	625
	⿱冫⿰日从	625
	⿴冫中	626
	⿱冫⿰日匕	626
	⿱冫南	626
	⿱冫网	626
	⿱冫小	626
	⿱冫早	626
	⿱冫⿰止丁	626
	⿴冫凸	627
	⿱冫矢	627
	⿱冫冊	627
	⿱止止	629
	⿲彳冫彳	629
	⿱冫丫	629
	⿱冫彳	629
	⿱冫⿰丁米	630
	⿱冫⿰米山	630
	⿰曰兔冫	630
	⿴冫丫	630
	⿱冫田	631
	⿱冫古	631

续表

甲骨字	前缀表达式（IDS）	页码
		631
		632
		632
		632
		632
		633
		633
		633
		633
		633
		633
		634
		634
		634
		634
		635
		635
		635
		635
		635
		635
		635
		635
		635
		636
		636
		636
		636
		636
		636

续表

甲骨字	前缀表达式（IDS）	页码
	□次日	636
	Ⅲ次者日中又	637
	日能卜又	637
	□次日能卜又	637
	Ⅲ次□日且有日凶	637
	□次含	637
	□次事	637
	□次凶	637
	Ⅲ吾次次	637
	□次吾	637
	Ⅲ次⊗卜	638
	□次日卜⊗	638
	Ⅲ次卜又	638
	□次日卜大	638
	□次日凸卜	638
	□次卜	638
	□次日卅口	639
	Ⅲ日卅口皿	639
	□卅次	639
	□次卅	639
	□次又	639
	□次丰	639
	□次坐	639
	□次四	639
	□次四	639
	□次青	640
	日青次	640
	□次青	640
	□次止	640
	□次日吉	640
	□次申	640

续表

甲骨字	前缀表达式（IDS）	页码
		640
		640
		640
		640
		640
		640
		641
		641
		641
		641
		641
		641
		641
		641
		642
		642
		642
		642
		642
		642
		642
		642
		643
		643
		643
		643
		643
		643
		643
		643
		644

续表

甲骨字	前缀表达式（IDS）	页码
		644
		644
		645
		645
		646
		646
		646
		646
		647
		647
		648
		648
		649
		649
		650
		652
		654
		654
		654
		654
		655
		655
		656
		656
		656
		657
		657
		657
		658
		658
		658

续表

甲骨字	前缀表达式（IDS）	页码
	⊟⾨畕	658
	⊟⾨禾	658
	⊟⾨囗⼉	659
	⊟○⼦	660
	⊟⼦⼀	660
	⊞⼦⊟⼜⼜	660
	⊟⾷⼈	661
	⊟土⾷	661
	⊟屮⾷	661
	⊟⼭⾷	661
	⊟○⾷	662
	⊟⾷⼈	662
	⊞⾷⼈	662
	⊞⽔⾷	662
	⊟⾷⽔	662
	⊞⽔⾷	662
	⊞⽔⾷⽔	662
	⊞⾷⊞⽔⊟⾷⽔⾷	662
	⊞⽊○	663
	⊞⼭⽊	663
	⊞⽊⊟○⼉	663
	⊞⊟⽊○⼉	663
	⊞⽑丅丅	664
	⊞⽑	664
	⊟⽑○	664
	⊟⽑⾨	664
	⊟⼭⽑	664
	⊞○⽥	665
	⊞⽥○	665
	⊟囗⽥	666
	⊞土⽥	666

续表

甲骨字	前缀表达式（IDS）	页码
	⿰开入	666
	⿰肯早	669
	⿰丙丙	670
	⿰丙十	670
	⿰十丙	670
	⿰入丙	670
	⿰丙州	671
	⿰止介	672
	⿰至皇	672
	⿰◆中	674
	⿰丙日	674
	⿰日丙	674
	⿰日束	674
	⿰日日	674
	⿰合门	675
	⿰门⼄	675
	⿱门⿰⺕⽊	675
	⿰门⽊	675
	⿰门⿰⼑⼑	676
	⿰门⿰日⼑	676
	⿰门者	676
	⿰门⿰⼂⼄	676
	⿰⺋⼋	677
	⿰⺋人	677
	⿱⺋⿰日一	677
	⿰⼚⺋	678
	⿱⼚⿰⺋一	678
	⿰⽘⺋	679
	⿰⺋⽘	679
	⿰⺋⺋	680

续表

甲骨字	前缀表达式（IDS）	页码
		680
		680
		680
		681
		681
		681
		681
		682
		682
		683
		683
		683
		684
		684
		684
		687
		687
		688
		688
		688
		688
		689
		689
		689
		689
		690
		691
		691
		692
		692
		692

续表

甲骨字	前缀表达式（IDS）	页码
		693
		693
		693
		693
		694
		694
		695
		695
		695
		696
		696
		697
		698
		698
		699
		699
		699
		700
		700
		700
		701
		701
		701
		701
		702
		702
		702
		702
		702
		702
		702

续表

甲骨字	前缀表达式（IDS）	页码
铁	⿰钅⿱⿻十人	703
柱	⿰⿱⿻十I	703
栓	⿰⿱木I	703
舀	⿰爫	703
猷	⿰⿱酉	703
徇	⿰勹	703
牟	⿱牛	703
鸣	⿰口鸟	704
细	⿰田	704
鲇	⿰鱼占	704
杜	⿰土	704
靖	⿰立	704
耽	⿰耳	704
啼	⿰口帝	705
跋	⿰⿱足⺶	705
纠	⿰丩	705
杖	⿰丈	705
叽	⿰几	705
慧	⿱彗心	706
州	⿰州	706
自	⿱自	706
纽	⿰丑	706
绪	⿰者	706
猪	⿰犭者	707
峰	⿰山	707
酣	⿰酉甘	707
柠	⿰宁	707
警	⿱⿰攴言	707
株	⿰朱	708
忖	⿰寸	708
晦	⿰日	708

续表

甲骨字	前缀表达式（IDS）	页码
		708
		708
		708
		709
		709
		709
		709
		709
		709
		709
		709
		710
		710
		710
		710
		710
		710
		711
		711
		711
		711
		712
		712
		712
		712
		712
		712
		712
		713
		713
		713

续表

甲骨字	前缀表达式（IDS）	页码
		713
		713
		713
		713
		713
		714
		714
		714
		714
		714
		714
		714
		715
		715
		715
		715
		715
		715
		718
		719
		720
		720
		721
		722
		722
		722
		723
		723
		724
		725
		725

续表

甲骨字	前缀表达式（IDS）	页码
	□ ↑ ○	725
	□ ↑ ￠	725
	□ ↑ □	725
	□ ↑ ╱	725
	□ ↑ ◇	725
	□ ↑ ╤	726
	□ ╪ ㄨ	726
	□ ↑ ╱	726
	□ ↑ ╩	726
	□ ⅓ ㄨ	728
	□ ⅓ ╤	729
	□ ⅓ ╤	729
	□ ⅓ □	730
	□ ⅓ ◎	730
	□ ─ ｜	730
	□ ╱ ╱	733
	□ ╱ □ ╱	734
	□ ╱ □ ─	734
	□ ⊐ □	734
	□ ⊐ ￦	734
	□ ⊐ ↑	734
	□ ╲ ≡	735
	□ ╲ ￠	735
	□ ╱ ↑	736
	□ ╱ ￠	736
	□ ╱ ↑	736
	□ ─ ㅂ	736
	□ ㅂ Π	737
	□ ㅂ 不	737
	□ ㅇ □	738
	□ ㅇ □	738

续表

甲骨字	前缀表达式（IDS）	页码
		738
		739
		739
		740
		740
		740
		740
		740
		740
		742
		742
		743
		743
		744
		744
		744
		745
		746
		746
		746
		746
		747
		747
		749
		749
		749
		750
		750
		752
		752
		752

续表

甲骨字	前缀表达式（IDS）	页码
		753
		753
		753
		753
		753
		753
		754
		755
		755
		755
		755
		755
		756
		756
		756
		756
		758
		758
		761
		761
		761
		761
		762
		762
		763
		763
		763
		764
		764
		764
		764

续表

甲骨字	前缀表达式（IDS）	页码
		766
		767
		769
		769
		770
		771
		771
		771
		771
		773
		773
		773
		773
		777
		777
		777
		777
		777
		777
		777
		778
		778
		780
		780
		781
		781
		781
		781
		782
		782

续表

甲骨字	前缀表达式（IDS）	页码
		784
		785
		786
		786
		786
		787
		787
		787
		787
		787
		787
		787
		787
		788
		789
		789
		789
		790
		791
		791
		792
		793
		793
		793
		793
		793
		793
		793
		794
		794

续表

甲骨字	前缀表达式（IDS）	页码
		794
		794
		795
		795
		795
		795
		796
		796
		796
		796
		797
		797
		797
		802
		802
		803
		803
		807
		808
		808
		810
		811
		812
		814
		814
		814
		816
		820
		820
		821
		821

续表

甲骨字	前缀表达式（IDS）	页码
		821
		823
		823
		823
		823
		823
		824
		825
		825
		826
		829
		829
		830
		835
		836
		836
		837
		837
		837
		837
		837
		838
		839
		839
		839
		839
		839
		840
		840
		842
		842

续表

甲骨字	前缀表达式（IDS）	页码
		843
		843
		843
		844
		845

参考文献

[1] 新华社. 习近平致信祝贺甲骨文发现和研究 120 周年 [N/OL]. 人民日报, 2019-11-02 [2022-09-10]. https://baijiahao.baidu.com/s?id=1649060159790933029&wfr=spider&for=pc.

[2] VAN DER MAATEN L, HINTON G. Visualizing data using t-SNE [J]. Journal of machine learning research, 2008, 9 (11): 2579-2605.

[3] MCINNES L, HEALY J, MELVILLE J. Umap: uniform manifold approximation and projection for dimension reduction [J]. arXiv preprint arXiv: 180203426, 2018: 1-63.

[4] WATTENBERG M, VIÉGAS F, JOHNSON I. How to use t-SNE effectively [J/OL]. Distill, 2016, 1 (10): e2 [2022-10-02]. https://distill.pub/2016/misread-tsne/?_ga=2.135835192.888864733.1531353600-1779571267.1531353600.

[5] 安阳师范学院. 殷契文渊 [DB/OL]. [2022-09-12]. http://jgw.aynu.edu.cn/ajaxpage/home2.0/index.html.

[6] 张玉金. 甲骨文当事介词"自"及介词"自"综论 [J]. 语文研究, 2022 (1): 18-26.

[7] 张玉金. 甲骨文处所介词"自"及相关问题研究 [J]. 中国语文, 2019 (2): 155-168, 254.

[8] 毛志刚. 殷墟甲骨卜辞介词"自"的几种用法 [J]. 古汉语研究, 2014 (1): 56-61, 96.

[9] 杨敬娜. 甲骨文"市"字的语义 [J]. 贵阳学院学报(社会科学版), 2020, 15 (3): 104-109, 16.

[10] 方稚松. 申論甲骨文中的"帀"當讀爲"師":兼談構字部件語義相通的漢字結構類型 [J]. 出土文献, 2018 (1): 1-13.

[11] 雷缙碚. "土""地"语义流变及甲骨文中的"土" [J]. 殷都学刊, 2015, 36 (2): 102-103, 6.

[12] 张玉金. 甲骨文中位事介词"于"研究 [J]. 古汉语研究, 2015 (1): 2-11, 95.

[13] 王晓鹏. 卜辞里"雨"的功能指示分析及词性鉴定 [J]. 殷都学刊, 2000 (3): 85-91.

[14] 张绍时. 甲骨文"象"之语义考论:兼论与"象"相关的三个重要问题 [J]. 湖

南行政学院学报, 2021 (2): 124 – 135.

[15] 梁万基. 甲骨卜辞"往于田"与"往田"辞例中"田"的词性 [J]. 中国文字研究, 2012, 16 (1): 54 – 58.

[16] 黎楠. 非王卜辞的语义分类及相关问题研究 [D]. 上海: 华东师范大学, 2018.

[17] 高峰, 熊晶, 刘永革. 基于知网的甲骨卜辞释义问题的可拓性研究 [J]. 现代图书情报技术, 2015 (Z1): 58 – 64.

[18] 吴琴霞, 高峰, 刘永革. 基于上下文语义的甲骨文领域概念抽取算法的研究 [J]. 科学技术与工程, 2014, 14 (26): 255 – 258.

[19] 郭晓红. 甲骨文同位短语研究 [D]. 重庆: 西南师范大学, 2005.

[20] 贾燕子. 甲骨文祭祀动词句法语义研究 [J]. 殷都学刊, 2004 (4): 96 – 99.

[21] 郑继娥. 甲骨文中动宾结构类型及其语义关系 [J]. 大连理工大学学报 (社会科学版), 2004 (1): 77 – 82.

[22] 向光忠. 殷墟卜辞施受句探析 [J]. 语言科学, 2003 (4): 57 – 65.

[23] 贾燕子. 甲骨文祭祀动词句型研究 [D]. 重庆: 西南师范大学, 2003.

[24] 金洋. 吉德炜《商代史料: 中国出版的两部主要甲骨集》述评 [J]. 语文学刊 (高等教育版), 2013 (3): 2.

[25] 焦清局, 刘永革, 仇利萍, 等. 网络驱动的未识甲骨字特性及场景语义预测 [J]. 浙江大学学报 (理学版), 2020, 47 (2): 142 – 150.

[26] 刘运通, 高峰, 焦清局, 等. 基于刻辞网络关联度的甲骨字考释难度量化方法 [J]. 科学技术与工程, 2018, 18 (17): 75 – 81.

[27] 吴琴霞, 高峰, 刘永革. 基于本体的甲骨文专业文档语义标注方法 [J]. 计算机应用与软件, 2013, 30 (10): 60 – 63.

[28] 高峰, 田喜平, 刘永革. 甲骨文领域语义词典的构建研究 [J]. 安阳师范学院学报, 2014 (5): 43 – 47.

[29] 吴琴霞, 刘永革. 基于 XML/Schema 甲骨文语料库语料标注的研究 [J]. 科学技术与工程, 2009, 9 (17): 5185 – 5188.

[30] 葛彦强, 汪向征, 杨彤. 基于贝叶斯网络的甲骨文辅助考释专家系统语料库的构建 [J]. 计算机应用与软件, 2011, 28 (11): 125 – 127, 31.

[31] 吴琴霞, 高峰, 刘永革. 基于 XML 语言甲骨文语料库元数据抽取的研究 [J]. 计算机技术与发展, 2012, 22 (5): 216 – 218, 22.

[32] 焦清局, 高峰, 金园园, 等. 面向拓片信息的甲骨字网络构建与分析 [J]. 中文信息学报, 2018, 32 (7): 137 – 142.

[33] 熊晶, 钟珞, 王爱民. 基于实例和本体的甲骨文机器翻译方法研究 [J]. 华中科技大学学报 (自然科学版), 2013, 41 (S2): 222 – 226.

[34] 熊晶, 高峰, 吴琴霞. 甲骨文计算机辅助翻译技术研究 [J]. 科学技术与工程,

2014, 14 (2): 179-182, 95.

[35] 林宏明. 甲骨缀合的方法: 推知残辞限缩范围的缀合 [J]. 政大中文学报, 2013 (19): 89-119.

[36] 童恩正, 张陛楷, 陈景春. 关于使用电子计算机缀合商代卜甲碎片的初步报告 [J]. 考古, 1977 (3): 205-209.

[37] 莫伯峰, 邱炜琦, 谢泽澄. 人工智能模拟辞例归纳的初步测试 [J]. 汉语言文学研究, 2021, 12 (3): 128-135.

[38] 曹霞, 崔雷, 黄鹏. 国际图书情报领域作者、机构和国家合著网络剖析 [J]. 现代情报, 2017, 37 (1): 142-147, 59.

[39] 崔雷, 刘伟, 闫雷, 等. 文献数据库中书目信息共现挖掘系统的开发 [J]. 现代图书情报技术, 2008 (8): 70-75.

[40] ZHAO Y, KARYPIS G, FAYYAD U. Hierarchical clustering algorithms for document datasets [J]. Data mining and knowledge discovery, 2005, 10 (2): 141-168.

[41] NIELSEN F. Introduction to HPC with MPI for data science [M]. Berlin: Springer, 2016.

[42] JOHNSON S C. Hierarchical clustering schemes [J]. Psychometrika, 1967, 32 (3): 241-254.

[43] MURTAGH F, CONTRERAS P. Algorithms for hierarchical clustering: an overview [J]. Wiley interdisciplinary reviews: data mining and knowledge discovery, 2012, 2 (1): 86-97.

[44] AHMED M, SERAJ R, ISLAM S M S. The k-means algorithm: a comprehensive survey and performance evaluation [J]. Electronics, 2020, 9 (8): 1-12.

[45] BOCK H-H. Clustering methods: a history of k-means algorithms [J]. Selected contributions in data analysis and classification, 2007: 161-172.

[46] VON LUXBURG U. A tutorial on spectral clustering [J]. Statistics and computing, 2007, 17 (4): 395-416.

[47] CHUNG F R, GRAHAM F C. Spectral graph theory [M]. New York: American Mathematical Soc., 1997.

[48] 唐静静, 田英杰. 多视角学习综述 [J]. 数学建模及其应用, 2017, 6 (3): 1-15, 25.

[49] 吕乃基. 大数据与认识论 [J]. 中国软科学, 2014, 29 (9): 34-45.

[50] ZHAO J, XIE X, XU X, et al. Multi-view learning overview: recent progress and new challenges [J]. Information fusion, 2017, 38 (2): 43-54.

[51] SUN S. A survey of multi-view machine learning [J]. Neural computing & applications, 2013, 23 (7-8): 2031-2038.

[52] XU C, TAO D, XU C. A survey on multi-view learning [J]. arXiv preprint, 2013: 1 – 59.

[53] LI Y, YANG M, ZHANG Z. A survey of multi-view representation learning [J]. IEEE transactions on knowledge and data engineering, 2019, 31 (10): 1863 – 1883.

[54] BLUM A, MITCHELL T. Combining labeled and unlabeled data with co-training [C] // Proceedings of the eleventh annual conference on computational learning theory. Madison Wisconsin: ACM, 1998.

[55] DEMPSTER A P, LAIRD N M, RUBIN D B. Maximum likelihood from incomplete data via the EM algorithm [J]. Journal of the royal statistical society series B (methodological), 1977, 39 (1): 1 – 22.

[56] BICKEL S, SCHEFFER T. Multi-view clustering [C] //The fourth IEEE international conference on data mining, November 1 – 4, 2004. Brighton: IEEE, 2004: 19 – 26.

[57] NIGAM K, GHANI R. Analyzing the effectiveness and applicability of co-training [C] //Proceedings of the ninth international conference on information and knowledge management, November 6 – 11, 2000. McLean Virginia: ACM, 2000: 86 – 93.

[58] GOLDMAN S A, ZHOU Y. Enhancing supervised learning with unlabeled data [C] // Proceedings of the international conference on machine learning, June 29 – July 2, 2000. San Francisco: ACM, 2000: 327 – 334.

[59] LI M, ZHOU Z. Improve computer-aided diagnosis with machine learning techniques using undiagnosed samples [J]. Systems man and cybernetics, 2007, 37 (6): 1088 – 1098.

[60] ZHOU Z, LI M. Tri-training: exploiting unlabeled data using three classifiers [J]. IEEE transactions on knowledge and data engineering, 2005, 17 (11): 1529 – 1541.

[61] ZHU X. Semi-supervised learning literature survey [J]. Computer science, 2005, 37 (1): 63 – 77.

[62] ZHOU Z, LI M. Semi-supervised regression with co-training [C] //Proceedings of the international joint conference on artificial intelligence, Jul 30 – Aug 5, 2005. San Francisco: Morgan Kaufmann Publishers Inc, 2005, 5: 908 – 913.

[63] ZHOU Z H, LI M. Semisupervised regression with cotraining-style algorithms [J]. IEEE transactions on knowledge & data engineering, 2007, 19 (11): 1479 – 1493.

[64] BREFELD U, SCHEFFER T, WROBEL S. Efficient co-regularised least squares regression [C] //Proceedings of the international conference on machine learning, June 25 – 29, 2006. New York: ACM, 2006: 137 – 144.

[65] LANCKRIET G R G, CRISTIANINI N, BARTLETT P L, et al. Learning the kernel matrix with semidefinite programming [J]. Journal of machine learning research, 2004, 5

(1): 27-72.

[66] SONNENBURG S, RATSCH G, SCHAFER C, et al. Large scale multiple kernel learning [J]. Journal of machine learning research, 2006, 7 (7): 1531-1565.

[67] BACH F R, LANCKRIET G R G, JORDAN M I. Multiple kernel learning, conic duality, and the SMO algorithm [C] //Proceedings of the international conference on machine learning, July 4-8, 2004. New York: ACM, 2004.

[68] RAKOTOMAMONJY A, BACH F R, CANU S, et al. Simplemkl [J]. Journal of machine learning research, 2008, 9 (3): 2491-2521.

[69] 牟少敏, 田盛丰, 尹传环. 基于协同聚类的多核学习 [J]. 北京交通大学学报, 2008, 32 (2): 10-13.

[70] 汪洪桥, 孙富春, 蔡艳宁, 等. 多核学习方法 [J]. 自动化学报, 2010, 36 (8): 1037-1050.

[71] GONEN M, ALPAYDIN E. Multiple kernel learning algorithms [J]. Journal of machine learning research, 2011, 12 (7): 2211-2268.

[72] LEE W J, VERZAKOV S, DUIN R P W. Kernel combination versus classifier combination [C] //Proceedings of the international workshop on multiple classifier systems, May 23-25, 2007. Berlin: Springer, 2007: 22-31.

[73] HOTELLING H. Relations between two sets of variates [J]. Biometrika, 1936, 28 (3/4): 321-377.

[74] BRAAK T C J F. Canonical correspondence analysis: a new eigenvector technique for multivariate direct gradient analysis [J]. Ecology, 1986, 67 (5): 1167-1179.

[75] DIETHE T, HARDOON D R, SHAWE-TAYLOR J. Multiview fisher discriminant analysis [C] //Proceedings of the NIPS workshop on learning from multiple sources, December 11-13, 2008. Vancouver: NIPS, 2008.

[76] HARDOON D R, SZEDMAK S, SHAWETAYLOR J. Canonical correlation analysis: an overview with application to learning methods [J]. Neural computation, 2004, 16 (12): 2639-2664.

[77] ZHENG W, ZHOU X, ZOU C, et al. Facial expression recognition using kernel canonical correlation analysis (KCCA) [J]. IEEE transactions on neural networks, 2006, 17 (1): 233-238.

[78] WANG Z, CHEN S, SUN T. MultiK-MHKS: a novel multiple kernel learning algorithm [J]. IEEE transactions on pattern analysis and machine intelligence, 2008, 30 (2): 348-353.

[79] MIKA S, RATSCH G, WESTON J, et al. Fisher discriminant analysis with kernels [C] //Neural networks for signal processing IX: proceedings of the 1999 IEEE signal

processing society workshop, June 14 – 16, 1999. Madison, Wisconsin: IEEE, 1999: 41 – 48.

[80] BAUDAT G, ANOUAR F. Generalized discriminant analysis using a kernel approach [J]. Neural computation, 2000, 12 (10): 2385 – 2404.

[81] LI Y, GONG S, LIDDELL H. Recognising trajectories of facial identities using kernel discriminant analysis [J]. Image & vision computing, 2003, 21 (13 – 14): 1077 – 1086.

[82] CHAUDHURI K, KAKADE S M, LIVESCU K, et al. Multi-view clustering via canonical correlation analysis [C] //Proceedings of the international conference on machine learning, June 14 – 18, 2009. Montreal Quebec: ACM, 2009.

[83] XIA T, TAO D, MEI T, et al. Multiview spectral embedding [J]. Systems man and cybernetics, 2010, 40 (6): 1438 – 1446.

[84] HINTON G E, ROWEIS S T. Stochastic neighbor embedding [C] //Proceedings of the neural information processing systems, December 11 – 13, 2003. Vancouver: MIT, 2003.

[85] XIE B, MU Y, TAO D, et al. m-SNE: multiview stochastic neighbor embedding [J]. Systems man and cybernetics, 2011, 41 (4): 1088 – 1096.

[86] JENATTON R, AUDIBERT J Y, BACH F. Structured variable selection with sparsity-inducing norms [J]. Journal of machine learning research, 2009, 12 (10): 2777 – 2824.

[87] HAN Y, WU F, TAO D, et al. Sparse unsupervised dimensionality reduction for multiple view data [J]. IEEE transactions on circuits & systems for video technology, 2012, 22 (10): 1485 – 1496.

[88] MEMISEVIC R. Kernel information embeddings [C] //Proceedings of the international Conference on machine learning, June 25 – 29, 2006. New York: ACM, 2006: 633 – 640.

[89] SIGAL L, MEMISEVIC R, FLEET D J. Shared kernel information embedding for discriminative inference [C] //Proceedings of the computer vision and pattern recognition, June 20 – 25, 2009. Miami: IEEE, 2009: 2852 – 2859.

[90] MEMISEVIC R, SIGAL L, FLEET D J. Shared kernel information embedding for discriminative inference [J]. IEEE transactions on pattern analysis and machine intelligence, 2012, 34 (4): 778 – 790.

[91] SHON A P, GROCHOW K, HERTZMANN A, et al. Learning shared latent structure for image synthesis and robotic imitation [J]. 2006: 1233 – 1240.

[92] JIA Y, SALZMANN M, DARRELL T. Factorized latent spaces with structured sparsity

[C]//Proceedings of the advances in neural information processing systems 23, December 6-9, 2010. British Columbia: Curran Associates Inc, 2010: 1-23.

[93] WANG Y, LIN X, WU L, et al. Robust subspace clustering for multi-view data by exploiting correlation consensus [J]. IEEE transactions on image processing, 2015, 24 (11): 3939-3949.

[94] HUANG L, LU J, TAN Y. Co-learned multi-view spectral clustering for face recognition based on image sets [J]. IEEE signal processing letters, 2014, 21 (7): 875-879.

[95] KUMAR A, DAUME H. A co-training approach for multi-view spectral clustering [C]//Proceedings of the international conference on machine learning, June 28-July 2, 2011. Washington: ACL, 2011: 393-400.

[96] KUMAR A, RAI P, DAUME H. Co-regularized multi-view spectral clustering [C]//Proceedings of the neural information processing systems, December 12-15, 2011. New York: Curran Associates Inc, 2011 (24): 1-9.

[97] CAI X, NIE F, HUANG H, et al. Heterogeneous image feature integration via multi-modal spectral clustering [C]//Proceedings of the computer vision and pattern recognition, June 20-25, 2011. Washington: IEEE, 2011: 1977-1984.

[98] CHIKHI N F. Multi-view clustering via spectral partitioning and local refinement [J]. Information processing and management, 2016, 52 (4): 618-627.

[99] ZHOU D, BURGES C J C. Spectral clustering and transductive learning with multiple views [C]//Proceedings of the international conference on machine learning, June 20-24, 2007. New York: ACM, 1159-1166.

[100] NG A Y, JORDAN M I, WEISS Y. On spectral clustering: analysis and an algorithm [C]//Proceedings of the neural information processing systems, December 9-14, 2002. British Columbia: MIT, 2002 (14): 1-8.

[101] EWEIWI A, CHEEMA M S, BAUCKHAGE C. Discriminative joint non-negative matrix factorization for human action classification [C]//Proceedings of the German conference on pattern recognition, September 3-6, 2013. Germany: Springer, 2013: 61-70.

[102] DU R, DRAKE B, PARK H. Hybrid clustering based on content and connection structure using joint nonnegative matrix factorization [J]. Journal of global optimization, 2017, 33 (6): 1-17.

[103] JIANG X, HU X, XU W. Microbiome data representation by joint nonnegative matrix factorization with laplacian regularization [J]. IEEE/ACM transactions on computational biology and bioinformatics, 2017, 14 (2): 353-359.

[104] GUAN Z, ZHANG L, PENG J, et al. Multi-view concept learning for data representa-

tion [M]. Berlin: Springer International Publishing, 2015.

[105] AKATA Z, THURAU C, BAUCKHAGE C. Non-negative matrix factorization in multi-modality data for segmentation and label prediction [C] //Proceedings of the 16th Computer vision winter workshop, February 2 – 4, 2011. Germany: Verlag der Technischen Universität Graz, 2011: 1 – 8.

[106] LI S, JIANG Y, ZHOU Z. Partial multi-view clustering [C] //Proceedings of the national conference on artificial intelligence. Calif: American Association for Artificial Intelligence, 2014, 28 (1): 1968 – 1974.

[107] WANG Z, KONG X, FU H, et al. Feature extraction via multi-view non-negative matrix factorization with local graph regularization [C] //Proceedings of the international conference on image processing, September 27 – 31, 2015. Quebec: IEEE, 2015: 3500 – 3504.

[108] LIU J, WANG C, GAO J, et al. Multi-view clustering via joint nonnegative matrix factorization [C] //Proceedings of the proceedings of the 2013 SIAM international conference on data mining, May 2 – 4, 2013. Texas: SIAM, 2013: 252 – 260.

[109] KALAYEH M M, IDREES H, SHAH M. NMF-KNN: image annotation using weighted multi-view non-negative matrix factorization [C] //Proceedings of the computer vision and pattern recognition, June 23 – 28, 2014. Columbus: IEEE, 2014.

[110] HOFMANN T. Probabilistic latent semantic indexing [C] //Proceedings of the international acm sigir conference on research and development in information retrieval, August 15 – 19, 1999. New York: ACM, 1999: 50 – 57.

[111] DING C H Q, LI T, PENG W. On the equivalence between non-negative matrix factorization and probabilistic latent semantic indexing [J]. Computational statistics & data analysis, 2008, 52 (8): 3913 – 3927.

[112] GAUSSIER E, GOUTTE C. Relation between PLSA and NMF and implications [C] //Proceedings of the international acm sigir conference on research and development in information retrieval, August 15 – 19, 2005. New York: ACM, 2005: 601 – 602.

[113] TANG W, LU Z, DHILLON I S. Clustering with multiple graphs [C] //Proceedings of the international conference on data mining, December 6 – 9, 2009. Washington, DC: IEEE, 2009: 1016 – 1021.

[114] GREENE D, CUNNINGHAM P. Producing a unified graph representation from multiple social network views [C] //Proceedings of the 5th annual ACM web science conference May 2 – 4, 2013. New York: ACM, 2013: 118 – 121.

[115] NIE F, LI J, LI X. Self-weighted multiview clustering with multiple graphs [C] //Proceedings of the twenty-sixth international joint conference on artificial intelligence,

August 19 – 25, 2017. California：AAAI, 2017：2564 – 2570.

[116] CHUNF F R K. Spectral graph theory [M]. Rhode Island：American Mathematical Society, 1997.

[117] CAI D, SHAO Z, HE X, et al. Mining hidden community in heterogeneous social networks [C] //Proceedings of the acm-sigkdd workshop on link discovery. New York：ACM, 2005：58 – 65.

[118] 马如森. 殷墟甲骨学 [M]. 上海：上海大学出版社, 2007.

[119] 黄天树. 甲骨缀合的学术意义与方法 [J]. 故宫博物院院刊, 2011 (1)：7 – 13, 156.

[120] 石凤贵. 基于 jieba 中文分词的中文文本语料预处理模块实现 [J]. 电脑知识与技术, 2020, 16 (14)：248 – 251, 57.

[121] RAMOS J. Using tf-idf to determine word relevance in document queries [C] //Proceedings of the first instructional conference on machine learning. California：AAAI, 2003, 242 (1)：29 – 48.

[122] JONES K S. A statistical interpretation of term specificity and its application in retrieval [J]. Journal of documentation, 2004, 60 (5)：493 – 502.

[123] SALTON G, MCGILL M J. Introduction to modern information retrieval [M]. New York：Mcgraw Hill, 1983.

[124] WU H C, LUK R, WONG K F, et al. Interpreting TF-IDF term weights as making relevance decisions [J]. ACM transactions on information systems, 2008, 26 (3)：55 – 59.

[125] SALTON G, BUCKLEY C. Term-weighting approaches in automatic text retrieval [J]. Information processing & management, 1988, 24 (5)：513 – 523.

[126] 郭沫若. 古代铭刻汇考 [M]. 东京：东京文求堂, 1933.

[127] 胡厚宣.《甲骨文合集》序 [J]. 历史教学问题, 1982 (5)：2 – 5.

[128] 林宏明. 甲骨缀合的方法：推知残辞限缩范围的缀合 [J]. 政大中文学报, 2013, 19 (6)：89 – 120.

[129] 王宇信, 杨升南. 甲骨学一百年 [M]. 北京：社会科学文献出版社, 1999.

[130] 查先进. 信息分析与预测 [M]. 武汉：武汉大学出版社, 2000.

[131] 沙勇忠, 牛春华. 信息分析 [M]. 北京：科学出版社, 2009.

[132] MATSUO Y, ISHIZUKA M. Keyword extraction from a single document using word co-occurrence statistical information [J]. International journal on artificial intelligence tools, 2004, 13 (1)：157 – 169.

[133] SU H N, LE P C. Mapping knowledge structure by keyword co-occurrence：a first look at journal papers in Technology Foresight [J]. Scientometrics, 2010, 85 (1)：

65-79.

[134] LORIS N, SHERYL B, STEFANO G, et al. Different approaches for extracting information from the co-occurrence matrix [J]. Plos one, 2013, 8 (12): e83554.

[135] 章舜仲. 文本分类中词共现关系的研究及其应用 [D]. 南京: 南京理工大学, 2010.

[136] 唐晓波, 王琼赋, 牟昊. 基于词共现与词向量的概念层次关系自动抽取模型: 以学术论文评价领域为例 [J]. 情报科学, 2022, 40 (10): 3-11, 32.

[137] 张书谙, 王曦, 代继鹏, 等. 基于关键词共现网络的主题词提取算法 [J]. 复杂系统与复杂性科学, 2022: 1-9.

[138] KESSLER M M. Bibliographic coupling between scientific papers [J]. Journal of the American society for information science and technology, 1963, 14 (1): 10-25.

[139] SHIAU W L, DWIVEDI Y K, YANG H S. Co-citation and cluster analyses of extant literature on social networks [J]. International journal of information management, 2017, 37 (5): 390-399.

[140] SMALL H. Co-citation in the scientific literature: a new measure of the relationship between two documents [J]. Journal of the American society for information science, 1973, 24 (4): 265-269.

[141] 马园园, 柳利芳, 涂克强, 等. 基于矩阵分解和同文正则化的甲骨文本聚类分析 [J]. 山东大学学报 (工学版), 2021, 51 (6): 69-74.

[142] 林沄. 对甲骨文研究的认识和建议 [J]. 语言战略研究, 2019, 4 (6): 5-6.

[143] KUANG D, DING C, PARK H. Symmetric nonnegative matrix factorization for graph clustering [C] //Proceedings of the proceedings of the 2012 SIAM international conference on data mining. California: SIAM, 2012: 106-117.

[144] SHI X, LU H, HE Y, et al. Community detection in social network with pairwisely constrained symmetric non-negative matrix factorization [C] //Proceedings of the proceedings of the 2015 IEEE/ACM international conference on advances in social networks analysis and mining 2015. France: IEEE, 2015: 541-546.

[145] LEE D D, SEUNG H S. Algorithms for non-negative matrix factorization [C] //Proceedings of the advances in neural information processing systems. Vancouver: NIPS, 2002: 1-7.

[146] NEWMAN M E, GIRVAN M. Finding and evaluating community structure in networks [J]. Physical review E, 2004, 69 (2): 1-15.

[147] MA Y, HU X, HE T, et al. ESNMF: evolutionary symmetric nonnegative matrix factorization for dissecting dynamic microbial networks [C] //Proceedings of the international conference on intelligent computing. Berlin: Springer, 2018: 7-18.

[148] FENG Z, XU X, YURUK N, et al. A novel similarity-based modularity function for graph partitioning [C] //Proceedings of the international conference on data warehousing and knowledge discovery. VerlagBerlin: Springer, 2018: 385-396.

[149] KAUFMAN L, ROUSSEEUW P J. Finding groups in data: an introduction to cluster analysis [M]. New York: John Wiley & Sons, 2009.

[150] MA Y, HU X, HE T, et al. Clustering and integrating of heterogeneous microbiome data by joint symmetric nonnegative matrix factorization with laplacian regularization [J]. IEEE/ACM transactions on computational biology and bioinformatics, 2017, 17 (3): 788-795.

[151] RAMOS J. Using tf-idf to determine word relevance in document queries [C] //Proceedings of the first instructional conference on machine learning. New Jersey: CS536, 2003, 242 (1): 29-48.

[152] SHAHNAZ F, BERRY M W, PAUCA V P, et al. Document clustering using nonnegative matrix factorization [J]. Information processing & management, 2006, 42 (2): 373-386.

[153] NG A, JORDAN M, WEISS Y. On spectral clustering: analysis and an algorithm [J]. Advances in neural information processing systems, 2001, 14: 849-856.

[154] CAI D, HE X, HAN J, et al. Graph regularized nonnegative matrix factorization for data representation [J]. IEEE transactions on pattern analysis and machine intelligence, 2010, 33 (8): 1548-1560.

[155] BOUTSIDIS C, GALLOPOULOS E. SVD based initialization: a head start for nonnegative matrix factorization [J]. Pattern recognition, 2008, 41 (4): 1350-1362.

[156] HUSNAIN M, MISSEN M M S, MUMTAZ S, et al. Visualization of high-dimensional data by pairwise fusion matrices using t-SNE [J]. Symmetry, 2019, 11 (1): 1-16.

[157] KIPF T N, WELLING M. Semi-supervised classification with graph convolutional networks [J]. arXiv preprint arXiv: 160902907, 2016: 1-14.

[158] ZHANG S, TONG H, XU J, et al. Graph convolutional networks: a comprehensive review [J]. Computational social networks, 2019, 6 (1): 1-23.

[159] SCHLICHTKRULL M, KIPF T N, BLOEM P, et al. Modeling relational data with graph convolutional networks [C] //Proceedings of the European semantic web conference. VerlagBerlin: Springer, 2018: 593-607.

[160] YAO L, MAO C, LUO Y. Graph convolutional networks for text classification [C] //Proceedings of the AAAI conference on artificial intelligence. Hawaii: AAAI, 2019, 33 (1): 7370-7377.

[161] 吕琳媛. 复杂网络链路预测 [J]. 电子科技大学学报, 2010, 39 (5): 11.

［162］ MOTAI Y. Kernel association for classification and prediction: a survey ［J］. IEEE transactions on neural networks and learning systems, 2014, 26（2）: 208 – 223.

［163］ LIU Y, WU M, MIAO C, et al. Neighborhood regularized logistic matrix factorization for drug-target interaction prediction ［J］. PLoS computational biology, 2016, 12（2）: e1004760.

［164］ ZHAO Q, ZHANG Y, HU H, et al. IRWNRLPI: integrating random walk and neighborhood regularized logistic matrix factorization for lncRNA-protein interaction prediction ［J］. Frontiers in genetics, 2018, 9: 239.

［165］ JOHNSON C C. Logistic matrix factorization for implicit feedback data ［J］. Advances in neural information processing systems, 2014, 27（78）: 1 – 9.

［166］ WANG, BO, MEZLINI, et al. Similarity network fusion for aggregating data types on a genomic scale ［J］. Nature methods, 2014, 11（3）: 333 – 337.

［167］ YANG M S, TSAI H S. A gaussian kernel-based fuzzy c-means algorithm with a spatial bias correction ［J］. Pattern recognition letters, 2008, 29（12）: 1713 – 1725.

［168］ 邓章应. 哥巴文造字机制研究 ［J］. 中国文字研究, 2008（2）: 217 – 223.

［169］ 王攀. 王宁:《汉字构形学讲座》［J］. 华西语文学刊, 2012（2）: 232 – 235, 250.

［170］ 吴琴霞, 栗青生, 高峰. 基于语义构件的甲骨文字库自动生成技术研究 ［J］. 北京大学学报（自然科学版）, 2014, 50（1）: 161 – 166.

［171］ 白小丽. 甲骨文与原始楔形文字新造合体字构字比较 ［J］. 南昌大学学报（人文社会科学版）, 2011, 42（5）: 137 – 142.

［172］ 陈婷珠. 殷商甲骨文字形系统再研究 ［D］. 上海: 华东师范大学, 2007.

［173］ 李圃. 甲骨文文字学 ［M］. 上海: 学林出版社, 1995.

［174］ 竺海燕. 甲骨構件與甲骨文構形系統研究 ［D］. 上海: 华东师范大学, 2005.

［175］ 郑振峰. 甲骨文字构形系统研究 ［M］. 北京: 北京师范大学出版社, 2019.

［176］ GRANT T, KLUGE A G. Transformation series as an ideographic character concept ［J］. Cladistics, 2004, 20（1）: 23 – 31.

［177］ GRIGORJEVNA R A. Ideographic description of smolensk dialects ［J/OL］. Modern scientific researches and innovations, 2016（1）［2022 – 11 – 20］. https://web.snauka.ru/en/issues/2016/01/61803.

［178］ HU J, NING W. Computer description of Chinese character form based on the model of tree taking seal script explained in "Shuowen Jiezi" as example ［C］//Proceedings of the IEEE international conference on computer science & automation engineering. US: IEEE, 2011, 3: 553 – 557.

［179］ SKALA M. A structural query system for Han characters ［J］. arXiv preprint arXiv:

1404. 5585, 2014: 1 - 28.

[180] HUI X, SHEKHAR S, TAN P N, et al. Exploiting a support-based upper bound of pearson's correlation coefficient for efficiently identifying strongly correlated pairs [C] //Proceedings of the 10th association for computing machinery (ACM) special interest group on knowledge discovery and data mining (SIGKDD) international conference on knowledge discovery and data mining. New York: ACM, 2004: 334 - 343.

[181] BENESTY J, CHEN J, HUANG Y. On the importance of the pearson correlation coefficient in noise reduction [J]. IEEE transactions on audio speech and language processing, 2008, 16 (4): 757 - 765.

[182] BELLACH B. Remarks on the use of pearson's correlation coefficient and other association measures in assessing validity and reliability of dietary assessment methods [J]. European journal of clinical nutrition, 1993, 47 (Suppl 2): S42 - S45.

[183] GAUTHEIR, THOMAS D. Detecting trends using spearman's rank correlation coefficient [J]. Environmental forensics, 2001, 2 (4): 359 - 362.

[184] SZMIDT E, KACPRZYK J. The Spearman rank correlation coefficient between intuitionistic fuzzy sets [C] //Proceedings of the intelligent systems. US: IEEE, 2010: 276 - 280.

[185] WANG, BING-HONG, ZHANG, et al. Measuring mixing patterns in complex networks by Spearman rank correlation coefficient [J]. Physica, a statistical mechanics and its applications, 2016, 451: 440 - 450.

[186] PENG H, LONG F, DING C. Feature selection based on mutual information criteria of max-dependency, max-relevance, and min-redundancy [J]. IEEE transactions on pattern analysis & machine intelligence, 2005, 27 (8): 1226 - 1238.

[187] Viola P, Wells III W M. Alignment by maximization of mutual information [J]. International journal of computer vision, 1997, 24 (2): 137 - 154.

[188] RUSSAKOFF D B, TOMASI C, ROHLFING T, et al. Image similarity using mutual information of regions [C] //Proceedings of the European conference on computer vision. Heidelberg: Springer, 2004: 596 - 607.

[189] El DESOUKI M I, GOMMA W H, ABDALHSKIM H. A hybrid model for paraphrase detection combines pros of text similarity with deep learning [J]. Int. J. Comput. Appl, 2019, 975: 8887.

[190] YANG J, WANG Z, BRANDT J, et al. Font recognition and font similarity learning using a deep neural network: U. S. Patent 9, 501, 724 [P]. 2016 - 11 - 22.

[191] SEVERYN A, MOSCHITTI A. Learning to rank short text pairs with convolutional deep neural networks [C] //Proceedings of the the 38th international ACM SIGIR confer-

ence, August 9 – 13, 2015. New York: ACM, 2015: 373 – 382.

[192] ZHOU S, LI J, LIN S, et al. Characteristic representation method of document based on Word2vector [J]. Journal of Chongqing university of posts and telecommunications (natural science edition), 2018, 30: 272 – 279.

[193] MIKOLOV T, SUTSKEVER I, KAI C, et al. Distributed representations of words and phrases and their compositionality [C] //Advances in neural information processing systems, December 5 – 10. New York: NIPS, 2013.

[194] LIN H, FU Y, JIANG Y G, et al. Sketch-BERT: learning sketch bidirectional encoder representation from transformers by self-supervised learning of sketch gestalt [C] //Proceedings of the 2020 IEEE/CVF conference on computer vision and pattern recognition (CVPR), June 13 – 19, 2020. Washington, DC: IEEE, 2020: 6758 – 6767.

[195] DEVLIN J, CHANG M W, LEE K, et al. Bert: pre-training of deep bidirectional transformers for language understanding [J]. arXiv preprint arXiv: 1810.04805, 2018: 1 – 16.

[196] KUSNER M J, SUN Y, KOLKIN N I, et al. From word embeddings to document distances [C] //Proceedings of the international conference on machine learning, July 6 – 11, 2015. France: ICML, 2015: 957 – 966.

[197] 李光宇. 基于深度神经网络的多模态信息检索 [J]. 计算机应用与软件, 2022, 39（1）: 219 – 224, 49.

[198] 冯方向. 基于深度学习的跨模态检索研究 [D]. 北京: 北京邮电大学, 2015.

[199] 程佳军. 基于深度学习的对象级文本情感分析方法研究 [D]. 湖南: 国防科技大学, 2018.

[200] 王青松, 聂振业, 周方晔. 基于深度学习和主题模型的短文本分类方法 [J]. 辽宁大学学报（自然科学版）, 2022, 49（2）: 116 – 124.

[201] 王浩畅, 孙铭泽. 基于 ERNIE-RCNN 模型的中文短文本分类 [J]. 计算机技术与发展, 2022, 32（6）: 28 – 33.

[202] GUPTA B, PRAKASAM P, VELMURUGAN T. Integrated BERT embeddings, BiLSTM-BiGRU and 1-D CNN model for binary sentiment classification analysis of movie reviews [J]. Multimedia tools and applications, 2022, 81（23）: 1 – 20.

[203] SHUJUAN Y, DANLEI L, YUN Z, et al. DPTCN: a novel deep CNN model for short text classification [J]. Journal of intelligent & fuzzy systems, 2021, 41（6）: 1 – 8.

[204] CHOPRA S, HADSELL R, LECUN Y. Learning a similarity metric discriminatively, with application to face verification [C] //Proceedings of the 2005 IEEE computer society conference on computer vision and pattern recognition (CVPR'05), June 20 – 25, 2005. Washington: IEEE, 2005（1）: 539 – 546.

[205] LIU X, TANG X, CHEN S. Learning a similarity metric discriminatively with application to ancient character recognition [C] //International conference on knowledge science, engineering and management, October 28 – 30, 2015. Chongqing: KSEM, 2021: 614 – 626.

[206] JOULIN A, GRAVE E, BOJANOWSKI P, et al. Fasttext. zip: Compressing text classification models [J]. arXiv preprint arXiv: 161203651, 2016: 1 – 13.

[207] LAI S, XU L, LIU K, et al. Recurrent convolutional neural networks for text classification [C] //Proceedings of the twenty-ninth AAAI conference on artificial intelligence, January 25 – 30, 2015. California: AAAI, 2015.

[208] 刘国英, 陈双浩, 焦清局. 一种用于甲骨字符提取的双分支融合网络 [J]. 厦门大学学报 (自然科学版), 2022, 61 (2): 262 – 271.

[209] 刘芳, 李华飙, 马晋, 等. 基于 Mask R-CNN 的甲骨文拓片的自动检测与识别研究 [J]. 数据分析与知识发现, 2021, 5 (12): 88 – 97.

[210] 林小渝, 陈善雄, 高未泽, 等. 基于深度学习的甲骨文偏旁与合体字的识别研究 [J]. 南京师大学报 (自然科学版), 2021, 44 (2): 104 – 116.

[211] 张颐康, 张恒, 刘永革, 等. 基于跨模态深度度量学习的甲骨文字识别 [J]. 自动化学报, 2021, 47 (4): 791 – 800.

[212] SCARSELLI F, GORI M, TSOI A C, et al. The graph neural network model [J]. IEEE transactions on neural networks, 2008, 20 (1): 61 – 80.

[213] LEVENSHTEIN V I. Binary codes capable of correcting deletions, insertions, and reversals [C] //Proceedings of the Soviet physics doklady. Soviet Union: [s. n.] 1966, 10 (8): 707 – 710.

[214] FRANCISCUS N, REN X, WANG J, et al. Word mover's distance for agglomerative short text clustering [C] //Proceedings of the Asian conference on intelligent information and database systems, April 7 – 10, 2019. Germony: Springer, 2021: 128 – 139.

[215] KUSNER M, SUN Y, KOLKIN N, et al. From word embeddings to document distances [C] //Proceedings of the International conference on machine learning, July 6 – 11, 2015. France: PMLR, 2015: 957 – 966.

[216] WIKIPEDIA. Wasserstein metric [EB/OL]. (2022 – 10 – 20) [2022 – 10 – 25]. https: //en. wikipedia. org/wiki/Wasserstein_metric.

[217] HORAN C. Wassertein distance and textual similarity [EB/OL]. (2022 – 07 – 21) [2022 – 09 – 13]. https: //neptune. ai/blog/wasserstein-distance-and-textual-similarity.

[218] 于邀波. 模型融合 (Blending & stacking) & 数据增强 [EB/OL]. (2020 – 04 – 27) [2022 – 10 – 03]. https: //mp. weixin. qq. com/s/tASanHznlvdkSVflUMqHAA.

[219] LI Z, LIU Z, HUANG J, et al. MV-GCN: multi-view graph convolutional networks for

link prediction [J]. IEEE access, 2019, 7: 176317 – 176328.

[220] LI M, COŞKUN M, KOYUTüRK M. Consensus embedding for multiple networks: computation and applications [J]. Network science, 2022, 10 (2): 190 – 206.

[221] FORSTER D T, LI S C, YASHIRODA Y, et al. BIONIC: biological network integration using convolutions [J]. Nature methods, 2022, 19 (10): 1250 – 1261.

[222] VELIČKOVIČ P, CUCURULL G, CASANOVA A, et al. Graph attention networks [J]. Stat, 2017, 1050 (20): 10. 48550.

[223] WANG X, JI H, SHI C, et al. Heterogeneous graph attention network [C] //Proceedings of the the world wide web conference, May 13 – 17, 2019. New York: ACM, 2019: 2022 – 2032.

[224] 胡厚宣. 甲骨文合集 [M]. 北京: 中华书局, 1999.

[225] 林宏明. 甲骨缀合的方法: 推知残辞限缩范围的缀合 [J]. 政大中文学报, 2013 (19): 89 – 119.

[226] 黄天树. 甲骨拼合集 [M]. 北京: 学苑出版社, 2010.

[227] KUANG D, YUN S, PARK H. SymNMF: nonnegative low-rank approximation of a similarity matrix for graph clustering [J]. Journal of global optimization, 2015, 62 (3): 545 – 574.

彩　　插

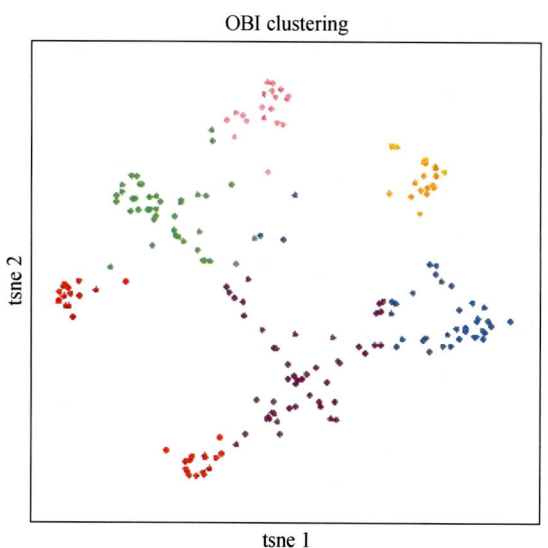

图 4.27　对 OBI-200 数据集的可视化分析（2D）